TABLA DE CONTENIDO

Hangang 한강 - ¡Un parque infantil fluvial para todos!

8 LUGARES **6 ACTIVIDADES** **2 RETOS**

Fluyendo por el corazón de la ciudad, Hangang ofrece una serena escapada del ajetreo urbano. Disfrute de impresionantes vistas, eventos culturales y actividades recreativas. Desde relajantes paseos hasta agradables picnics, Hangang ofrece algo para todos, creando momentos inolvidables para cada visitante.

Palacios Reales de Seúl - Descubra las joyas de la historia coreana

36 LUGARES **38 ACTIVIDADES** **13 RETOS**

Los cinco palacios reales de Seúl cuentan con una arquitectura impresionante, jardines inmaculados y un fascinante significado histórico que le transportarán atrás en el tiempo para ofrecerle una visión de la rica y fascinante historia de Corea. Además, podrá disfrutar de divertidas actividades culturales, como vestir el hanbok tradicional y asistir a representaciones tradicionales.Y la última novedad: ¡visitar Cheong Wa Dae, la antigua residencia de los presidentes surcoreanos! Le diremos exactamente cómo hacerlo.

Aldeas Hanok - Retroceda en el tiempo y experimente el estilo de vida coreano

9 LUGARES **8 ACTIVIDADES** **5 RETOS**

Experimente la belleza única de la arquitectura tradicional coreana mientras pasea por las calles de estos barrios históricos. Sumérjase en el modo de vida tradicional coreano y conozca mejor la riqueza cultural y patrimonial del país. Estos pueblos ofrecen una visión del pasado de Corea con sus encantadores cafés, tiendas locales e impresionantes detalles arquitectónicos.

Enfrentamiento de comida callejera coreana - ¡Disfrute de la comida callejera más apreciada de Corea!

5 LUGARES **5 ACTIVIDADES** **2 RETOS**

Deléitese con los auténticos sabores de los restaurantes callejeros coreanos y sumérjase en la vibrante atmósfera donde los lugareños se reúnen para saborear sus platos favoritos. Experimente la verdadera esencia de la gastronomía local, como un habitante más.

Comprar recuerdos – llévese un trozo de Corea a casa

5 LUGARES   **3 ACTIVIDADES**   **6 RETOS**

38

Las animadas tiendas de recuerdos y mercadillos de Seúl ofrecen una increíble selección de souvenirs coreanos únicos y tradicionales. Desde artesanía tradicional a baratijas modernas, estas tiendas ofrecen algo para todos los gustos.

Gangnam Style – ¡Explore el distrito más de moda de Corea!

16 LUGARES   **38 ACTIVIDADES**   **13 RETOS**

41

Sumérjase en la vibrante cultura de Gangnam, la zona más moderna y de moda de Seúl, a través de una serie de divertidas actividades y experiencias. Podrás ver y hacer de todo, desde probar las últimas tendencias en belleza coreana hasta deleitarte con la deliciosa cocina local.

Aventura K-Pop – ¡Un viaje al mundo de la música pop coreana!

11 LUGARES   **3 ACTIVIDADES**   **6 RETOS**

48

Emprenda un viaje a través de la escena musical coreana, donde conocerá de cerca la industria que ha arrasado en todo el mundo. Visite empresas de entretenimiento de K-Pop, siga los pasos de las estrellas de K-Pop, hágase fotos con las icónicas estatuas de osos de K-Pop e incluso aprenda algunos pasos de baile para experimentar lo que es ser un ídolo de K-Pop.

Tragedias y triunfos – Explorar la historia de Corea a través de los museos

4 LUGARES   **3 ACTIVIDADES**   **5 RETOS**

53

Descubra los asombrosos logros del pasado y conozca la historia moderna de Corea y las luchas a las que se enfrentó la nación. Escuchará tanto historias trágicas como historias de victoria que le dejarán inspirado y conectado con el espíritu del pueblo coreano. Embárquese en este viaje inolvidable y celebre el brillo del pasado y mire hacia el futuro.

Encontrar la paz en Seúl - Un viaje espiritual para calmar la mente y el cuerpo

8 LUGARES **6 ACTIVIDADES** **6 RETOS**

Adéntrese en el corazón del tapiz espiritual de Corea visitando venerados templos budistas, iglesias históricas y grandes mezquitas. Sumérjase en paisajes tranquilos, abrace reflexiones profundas y encuentre la paz interior en medio de la diversidad cultural.

Aventuras en Seúl - Actividades familiares y románticas para todos los gustos

17 LUGARES **14 ACTIVIDADES** **21 RETOS**

Tanto si se trata de una familia que busca estrechar lazos como de una pareja en busca de momentos románticos, en Seúl abundan las emociones y las experiencias inolvidables para todos. La ciudad promete una deliciosa mezcla de aventuras familiares e íntimas que sin duda crearán recuerdos inolvidables.

CO·REA

Subway Korea

Proporciona el mapa de metro más reciente de Seúl y todos los mapas de metro ofrecen información en tiempo real sobre tránsito, horarios y transbordos, así como una calculadora de rutas óptimas.

Naver Map

Desde indicaciones giro a giro hasta horarios de trenes y baños cercanos, esta aplicación te ofrece todo lo que necesitas para moverte por Corea.

PAPAGO

Esta aplicación basada en inteligencia artificial proporciona una traducción excelente, especialmente en Corea, algo imprescindible cuando se viaja a este país.

Catch Table

Le permite hacer fácilmente reservas de restaurantes en inglés.

Kakao Map

Similar a Naver Map, pero si tienes Kakaot Talk, es más práctico ya que está más integrado con otros servicios como Kakao Taxi y Kakao Talk.

Google Maps

Similar a Naver Map, pero carece de indicaciones para llegar a pie en Corea. Ofrece información sobre el metro y lugares cercanos en más idiomas que Naver Map.

Emergency Ready

Ofrece acceso rápido a refugios de todo el país, centros médicos de urgencia, parques de bomberos, comisarías de policía, guías de seguridad y llamadas de emergencia directas al 119.

1330 Korea Travel Helpline

Ofrece llamadas de voz y chat en directo a los turistas, proporcionándoles información sobre viajes en 8 idiomas, ayudándoles con la interpretación, las reclamaciones y el acceso a la asistencia policial en caso necesario.

Guía de viaje en metro por Seúl

Le enseña a disfrutar de las 100 principales atracciones de la ciudad con sólo coger el metro.

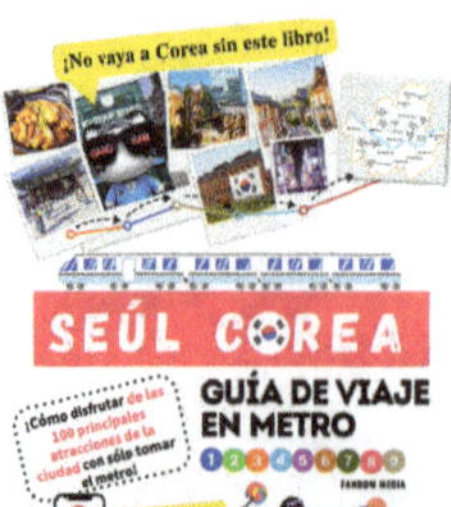

Diccionario de la cultura coreana

Ofrece una completa guía de Corea y su cultura, de la A a la Z, para que disfrute al máximo de su viaje a Corea.

Hablemos Coreano

Aprenda más de 1.400 frases y pronunciaciones coreanas esenciales de forma rápida y sencilla con archivos de audio descargables. Escuche, repita y aprenda.

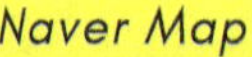

DINERO EN COREA

5,000 오천원 (O-CHEON-WON), APROXIMADAMENTE 3.5 €

1,000 천원 (CHEON-WON), APROXIMADAMENTE 0.71 €

500 오백원
(O-BAEK-WON),
APROXIMADAMENTE 35
CENTAVOS DE €

100 백원
(BAEK-WON),
APROXIMADAMENTE 7
CENTAVOS DE €

50 오십원
(O-SHIP-WON),
APROXIMADAMENTE 3.5
CENTAVOS DE €

10 십원
(SHIP-WON),
APROXIMADAMENTE 0.7
CENTAVO DE €

EXISTEN MONEDAS DE 5 Y 1 WON, PERO HOY EN DÍA CASI NO SE UTILIZAN.

LAS PRINCIPALES TARJETAS DE CRÉDITO (VISA/MC/AMEX) SE ACEPTAN EN CASI TODAS PARTES EN COREA.

SAMSUNG GALAXY PAY Y APPLE PAY TAMBIÉN ESTÁN DISPONIBLES

PUEDE UTILIZAR SU TARJETA DE DÉBITO EMITIDA EN SU PAÍS PARA SACAR DINERO DE UN CAJERO AUTOMÁTICO EN COREA. BUSQUE EL LETRERO "GLOBAL ATM" EN UN CAJERO AUTOMÁTICO.

T-MONEY CARD

DEBE COMPRARSE (LA TARJETA MÁS BARATA CUESTA 3,000 KRW / 2 EUR) EN UN ESTABLECIMIENTO CON EL LOGOTIPO DE T-MONEY, EN UNA MÁQUINA EXPENDEDORA (LÍNEAS 1-4) O EN EL CENTRO DE INFORMACIÓN DENTRO DE UNA ESTACIÓN (LÍNEAS 5-8).

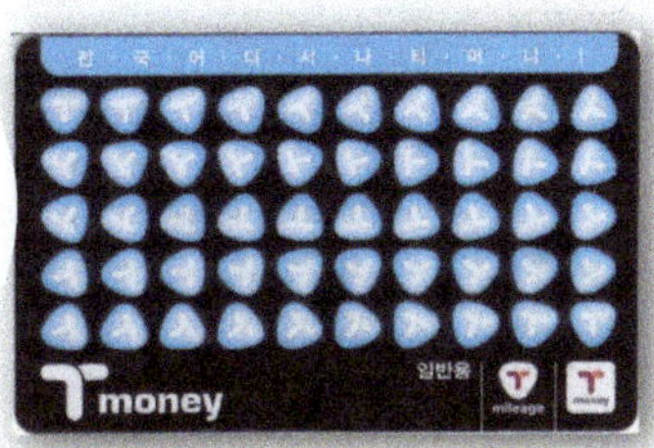

PARA METRO / AUTOBÚS / TAXI

Hangang 한강

¡Un parque infantil fluvial para todos!

Fluyendo por el corazón de la ciudad, Hangang ofrece una serena escapada del ajetreo urbano. Disfrute de impresionantes vistas, eventos culturales y actividades recreativas. Desde relajantes paseos hasta agradables picnics, Hangang ofrece algo para todos, creando momentos inolvidables para cada visitante.

Hangang es un extenso río que atraviesa varias partes de la ciudad, ofreciendo varios puntos de acceso a los visitantes. Sin embargo, nos centraremos en el **Parque Banpo Hangang**, ya que ofrece algo extra con su **Isla Flotante** y el **Puente del Arco Iris**. Dicho esto, elegir uno u otro no supondrá una gran diferencia, ya que todos los lugares ofrecen una experiencia similar.

 **Parque Banpo Hangang 반포 한강 공원** Seocho-gu, Shinbanpo-ro 11-gil 40 서초구 신반포로11길 40
25 minutos a pie (0.8 mi / 1.3 km) de la estación de **Express Bus Terminal Salida nº 8-1 Línea 9 de metro**

 **Parque Yeouido Hangang 여의도 한강 공원** Yeongdeungpo-gu, Yeouidong-ro 330 영등포구 여의동로 330
5 minutos a pie (0.15 mi / 249 m) de la estación de **Yeouinaru Station Salida nº 3 Línea 5 de metro**

 **Parque Ichon Hangang 이촌 한강 공원** Yongsan-gu, Ichon-dong 302-17 이촌동 302-17
20 minutos a pie (0.8 mi / 1.3 km) de la estación de **Ichon Station Salida nº 4 Línea 4 de metro**

 **Parque Ttukseom Hangang 뚝섬 한강 공원** Gwangjin-gu, Jayang-dong 704-1 광진구 자양동 704-1
Justo al lado de la estación **Ttukseom Resort Salida nº 3 Línea 7 de metro**

 **Parque Jamsil Hangang 잠실 한강 공원** Songpa-gu, Jamsil-dong 1-1 송파구 잠실동 1-
25 minutos a pie (0.9 mi / 1.5 km) de la estación de **Jamsil Salida nº 6 Línea 2 de metro**

Banpo Hangang Park 반포 한강 공원
Seocho-gu, Shinbanpo-ro 11-gil 40 서초구 신반포로11길 40
25 minutos a pie (0.8m / 1.3km) de la estación de **Express Bus Terminal Salida nº 8-1 Línea 9 de metro**

¡Hagamos un picnic en Hangang!

Las mantas, **sillas** o **mesas de picnic** están **permitidas** en toda la zona de **césped**, así que no dudes en elegir tu lugar favorito. **Las tiendas de campaña**, sin embargo, **sólo están** permitidas **en las zonas designadas**, con las siguientes restricciones.

*Puedes traer tu propia tienda, o hay muchas tiendas de alquiler de tiendas por la zona por unos 18.5€. También hay tiendas de comestibles y baños públicos cerca.

¡Máximo de 2 m x 2 m / 6,5 pies x 6,5 pies!

Temporada permitida
1 de abril - 31 de octubre

Horas

Abr - May, Sep - Oct
9 a.m. - 7 p.m.

Jun - Ago
9 a.m. - 8 p.m.

Las tiendas de alquiler se encuentran en Seocho-gu, Banpodaero 316, B1
*Véase el mapa anterior como referencia ★ 서초구 반포대로 316 지하 1층

¡Saborea el combo Chimaek (pollo y cerveza)!

Chimaek 치맥 , que es la abreviatura de "**Chicken**" (pollo) + "**Maekju** 맥주 (cerveza)", es una opción popular entre los excursionistas coreanos. En **Seorae Naru 서래나루**, que está a un corto paseo de la Isla Flotante, hay un restaurante especializado en chimaek y con una amplia zona de asientos, para que no tenga que pasar por la molestia de pedir y recoger la entrega.

¡Prueba la máquina de fideos instantáneos Ramyun!

Visite una tienda junto al río y encontrará **una máquina que prepara fideos ramyun instantáneo**s. Todo lo que tienes que hacer es poner los fideos y la sopa en el recipiente designado, y la máquina dispensará agua automáticamente y empezará a cocinar (si no estás seguro, pregunta a cualquier visitante coreano del parque y estarán más que encantados de ayudarte). **Saboree sus deliciosos fideos ramyun mientras admira las impresionantes vistas de Hangang**.

제이 blog.naver.com/travelcrazykorean (CC BY-SA 2.0 KR)

Capture el momento perfecto en los mejores lugares para hacer fotos de Hangang.

¡Mira la gran luna llena! La gente dice que si pides un deseo durante la Superluna y piensas en los conejos que los coreanos creen que viven en la luna en viejas historias, tu deseo podría hacerse realidad.

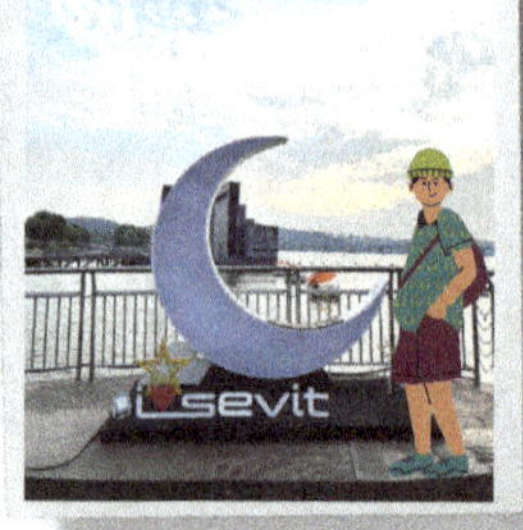

La media luna es un símbolo especial de la isla de Sebit. Es bonita de día, pero no te olvides de disfrutar de su lado aún más bonito por la noche.

El escenario situado en el centro de la plaza es donde la gente se hace fotos de grupo y realiza divertidos retos para las redes sociales. ¡Crea aquí tu próximo vídeo viral!

¡La isla flotante futurista 세빛섬!

Some Sevit 세빛섬 (Isla Flotante) es uno de los **lugares nocturnos más visitados** de Seúl, con **una fantástica vista nocturna** en la que las coloridas y hermosas luces LED armonizan con el río. Consta de islas artificiales con convenciones nupciales, restaurantes y cafés, y se utiliza como espacio para disfrutar de yates, botes neumáticos y diversas exposiciones, actuaciones y eventos.

*Sebit / Sevit, Gabit / Gavit, Solbit / Solvit se utilizan indistintamente.

Para más información, visite **somesevit.com**

En la película **Vengadores: La era de Ultrón**, se hace referencia a la Isla Flotante como **Sokovia**. La isla fue creada por el villano Ultrón, que la utilizó como base para sus malvados planes.

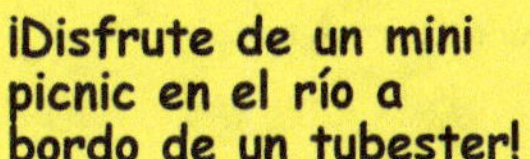

Disfrute de una experiencia tranquila en su **mini moto acuática privada**, traiga su comida y bebida favoritas y saboree la serena belleza de la naturaleza que le rodea. Situado en la **planta baja de la isla de Gabit**, es el lugar ideal para un **mini picnic en el río**.

Price:
30 minutos: 35,000 won
60 minutos: 55,000 won (por 1 barco)
Se acepta efectivo / tarjeta de crédito.

Por razones de seguridad, los menores deben ir acompañados de un adulto, y se prohíbe el uso del servicio a bebés, embarazadas, ancianos y personas de estatura inferior a 90 cm.

Capacidad:
6 personas máximo con una mesa

Horario:
Mar - Mayo / Oct
Lunes a viernes: 15:00 - 23:00
Sábado/Domingo/Festivo: 13:00 - 23:00

Jun - Sep
Lunes a viernes: 16:00 - 24:00
Sábado/Domingo/Festivo: 14:00 - 24:00

3 El asombroso puente de la fuente del arco iris

El parque alberga la asombrosa **Fuente Arco Iris del Puente Banpo, la fuente puente más larga del mundo, con más de 1.140 metros de longitud**. ¿Y lo mejor? Por la noche, la fuente se ilumina con vibrantes luces LED, creando un mágico espectáculo de agua y luz absolutamente fascinante. Es un espectáculo digno de contemplar. ¡Y sí! Está **junto a la zona de picnic**, así que podrá disfrutar del espectáculo con sus amigos.

	Duración	Horario de atención al público
Mayo-Junio	20 minutos	12.00 h, 19.30 h, 20.00 h, 20.30 h, 21.00 h.
Julio-Agosto	20 minutos	12.00 h, 19.30 h, 20.00 h, 20.30 h, 21.00 h, 21.30 h
Sep-Oct	20 minutos	12.00 h, 19.30 h, 20.00 h, 20.30 h, 21.00 h

Nota: El funcionamiento de la fuente puede suspenderse debido a condiciones meteorológicas como tormentas o fuertes vientos.

4 ¡Vence al calor en el Moonlight Night Market!

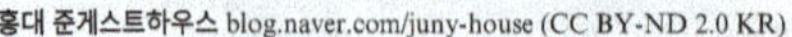

홍대 준게스트하우스 blog.naver.com/juny-house (CC BY-ND 2.0 KR)

Disfrute de una velada única y deliciosa en el **Hangang Moonlight Market**, que se celebra en el **Parque Banpo Hangang (Plaza Moonlight)**. Con la participación de **camiones de comida** y **artesanos**, el mercado ofrece una amplia variedad de deliciosos manjares para disfrute de los visitantes.

Hangang Moonlight Market @ Banpo Hangang Park

Lugar de celebración: Plaza Moonlight
Comerciantes: 40 camiones de comida, 50 puestos
Horario: 4 p.m. - 9 p.m. (sólo domingos) del 7 de mayo al 11 de junio de 2023

Hangang Moonlight Market @ YeouidoHangang Park

Lugar de celebración: Plaza Cascade
Comerciantes: 40 camiones de comida, 50 puestos
Horario: 5 p.m. –10 p.m. (Sábado y domingo) del 16 de septiembre al 22 de octubre de 2023

Para más información, visite **bamdokkaebi.org**

¡Pedalee por el pintoresco Hangang con Seoul Bike!

Hangang es el destino perfecto para un divertido día de **ciclismo y turismo**. Con **senderos designados para bicicletas que se extienden 240 km a lo largo del río**, podrá disfrutar de impresionantes vistas y vislumbrar a lugareños y turistas por igual.

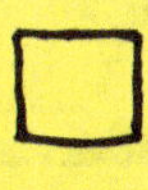

bikeseoul.com

¡O visita aquí!

Con **Seoul Bike** (*tta-reung-i* 따릉이 en coreano), puedes unirte fácilmente a la diversión y alquilar una bicicleta por un precio asequible. Se puede acceder al servicio **en línea** o a través de su **aplicación móvil**. En su mapa encontrarás información en tiempo real sobre la disponibilidad de bicicletas, con **estaciones convenientemente situadas por todo Seúl, incluso cerca de Hangang**, para que puedas planificar tu aventura con facilidad. No se pierda la emoción y la belleza de las rutas ciclistas de Hangang.

Precio:
1 hora – 1,000 Won
2 horas – 2,000 Won
1 día – 5,000 Won

A partir de entonces, cada 5 minutos se te cobrarán 200 Won.

Tras localizar una bicicleta disponible, puedes comprar fácilmente un pase a través del sitio web o la aplicación y recibir un código numérico para desbloquear la bicicleta, lo que te permitirá explorar la ciudad a tu aire. Devolver la bicicleta es fácil, ya que puedes dejarla en cualquier estación de Seoul Bike.

PALACIOS REALES DE SEÚLCES OF SEOUL

Descubra las joyas de la historia coreana

Los cinco palacios reales de Seúl cuentan con una arquitectura impresionante, jardines inmaculados y un fascinante significado histórico que le transportarán atrás en el tiempo para ofrecerle una visión de la rica y fascinante historia de Corea. Además, podrá disfrutar de divertidas actividades culturales, como vestir el hanbok tradicional y asistir a representaciones tradicionales. Y la última novedad: ¡visitar Cheong Wa Dae, la antigua residencia de los presidentes surcoreanos! Le diremos exactamente cómo hacerlo

La mejor ruta para visitar los cinco palacios en un día sería empezar por **Gyeongbokgung** por la mañana y seguir hacia el este hasta Changdeokgung y **Changgyeonggung**. Desde allí, puede dirigirse al sur, a **Deoksugung**, y terminar el día en Gyeonghuigung, en la parte occidental de la ciudad. Tome el metro para ahorrar tiempo y evitar el tráfico.

1 Gyeongbokgung 경복궁

Jongno-gu, Sajik-ro 161 종로구 사직로 161

3 minutos a pie (0.14 miles / 225 m) de la estación **Gyeongbokgung Salida n°5 del metro Línea 3**

2 Changdeokgung 창덕궁

Jongno-gu, Yulgok-ro 99 종로구 율곡로 99

6 minutos a pie (0.24 miles / 381 m) de la estación **Anguk Salida n°3 del metro Línea 3**

3 Changgyeonggung 창경궁

Jongno-gu, Changgyeonggung-ro 185 종로구 창경궁로 185

13 minutos a pie (0.48 miles / 771 m) de la estación **Hyehwa Salida n°4 del metro Línea 4**

4 Deoksugung 덕수궁

Jung-gu, Sejong-daero 99 중구 세종대로 99

1 minutos a pie (0.05 miles / 80 m) de la estación **City Hall Salida n°2 del metro Línea 1**

5 Gyeonghuigung 경희궁

Jongno-gu, Saemunan-ro 45 종로구 새문안로 45

10 minutos a pie (0.40 miles / 639 m) de la estación **Seodaemun Salida n°4 del metro Línea 5**

6 Cheong Wa Dae 청와대

Jongno-gu Cheongwadae-ro 1 종로구 청와대로 1

24 minutos a pie (0.86 miles / 1.4 km) de la estación **Gyeongbokgung Salida n°3 del metro Línea 3**

No es un palacio real, sino una **residencia** que sirvió a **anteriores presidentes coreanos**. Recientemente se ha abierto al público en general. Le recomendamos encarecidamente que visite este impresionante lugar como parte de su visita.

GYEONGBOKGUNG 경복궁
"Palacio Bendecido por el Cielo"

Gyeongbokgung está situado en la parte norte de Seúl y es **el mayor** de los cinco palacios. Fue el palacio principal durante la Dinastía Joseon y cuenta con numerosos **pabellones**, **jardines** y **patios**.

Enero - Febrero: 9 a.m. - 5 p.m.
Marzo - Mayo: 9 a. m. - 6 p. m.
Junio - Agosto: 9 a. m. - 6:30 p. m.
Septiembre - Octubre: 9 a. m. - 6 p. m.
Noviembre - Diciembre: 9 a. m. - 5 p. m.
(la última entrada es 1 hora antes del cierre.)

*Cierran los **martes** (si un festivo nacional cae en martes, cierran al día siguiente).
*Ofrecen un **programa de visitas nocturnas de temporada**. Consulte el sitio web para conocer los horarios más actualizados.

Edad 19~64 3.000 won / 2.400 won (grupo, 10 o más)
- Gratuito: Menores de 18 años, mayores de 65 años / Por llevar Hanbok
- Por 10.000 wones (frente a 14.000 wones por separado), obtenga una **entrada combinada/Pase del Palacio Real** 통합관람권 para acceder a **Gyeongbokgung**, **Changdeokgung** (con el Jardín Trasero), **Changgyeonggung**, **Deoksugung** y **el santuario de Jongmyo**. Válido durante tres meses. Se adquiere in situ en el momento de la visita. *No* incluye **Gyeonghuigung**.

¿QUÉ HAY ALREDEDOR DEL PALACIO?

A Estatua del almirante Yi Sun-Sin

Tómese una foto épica con un legendario héroe de la guerra de Corea.

La estatua conmemora **al almirante Yi Sun-sin** 이순신, un **legendario comandante naval de la dinastía Joseon**, célebre por su brillantez estratégica y sus victorias contra las invasiones japonesas durante la Guerra de Imjin, a finales del siglo XVI. La estatua representa al almirante Yi con su atuendo militar, empuñando una espada y mirando con confianza hacia el horizonte. Es un símbolo del valor, el patriotismo y el espíritu indomable del pueblo coreano.

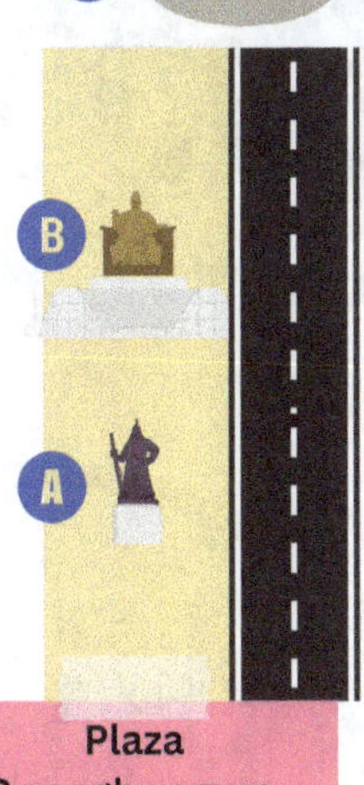

¿Puedes encontrar el legendario barco tortuga?

Fíjate bien en la parte inferior de la estatua y encontrarás una **maqueta de la Nave Tortuga blindada**, que fue inventada por el almirante Yi Sun-sin y desempeñó un papel crucial en la derrota del ejército japonés. No lo pierdas de vista.

Posa con el Rey y hazte una foto

La estatua del **rey Sejong el Grande** conmemora su reinado durante la dinastía Joseon. Sejong es famoso por su promoción de la ciencia, la literatura y la educación. La estatua lo muestra sentado en un trono, sosteniendo un libro, símbolo de su contribución a la cultura coreana y la **creación del *hangul***, el **alfabeto coreano**. La estatua recuerda su legado y es un símbolo de la historia y el orgullo nacional coreanos. Descubra los brillantes inventos del reinado de Sejong.

¡Descubre los brillantes inventos del reinado del rey Sejong!

Frente a la estatua del Rey, se encuentran réplicas de una **esfera armilar**, el primer **pluviómetro** del mundo y un **reloj de sol**, que simbolizan los avances de la ciencia durante el reinado del Rey.

Visite el Museo Subterráneo Secreto

¿Sabía que hay un espacio secreto oculto tras la estatua que ni siquiera muchos coreanos conocen? Se trata de **un museo subterráneo** dedicado al **rey Sejong** y al **almirante Yi Sun-sin**. En esta amplia zona, dividida en dos secciones, se puede profundizar en la vida y logros de estas dos figuras históricas. El museo ofrece una amplia gama de **contenidos multimedia** y **actividades prácticas**, que permiten a los visitantes vivir una experiencia de primera mano. Si menciona que ha visitado este lugar, la gente quedará realmente asombrada, ¡porque se trata de un hallazgo extraordinario!

Entrada: Gratuita
Horario: 10 a.m. - 6:30 p.m. (última entrada a las 6 p.m.)
*Cerrado todos los lunes.

(Si un día festivo cae en lunes, el museo permanecerá abierto y, en cambio, cerrará el siguiente día laborable).

¡Haz varios souvenirs!

Visite un quiosco y dé rienda suelta a su creatividad para diseñar una insignia, un llavero o un zócalo pop únicos en su género, combinando elementos coreanos con las icónicas figuras del rey Sejong y el almirante Yi Sun-sin.
2,000 won (sólo con tarjeta) 11 a.m. - 6 p.m.

Aprende a escribir tu nombre en coreano

Aprende a usar el pincel y a escribir tu nombre en *hangul*. Junto al centro educativo Rey Sejong
GRATIS 11 a.m. ~- 6 p.m.

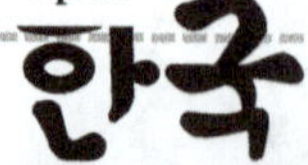

Gwanghwamun es la **puerta más grande** de Gyeongbokgung, llamada la puerta de la "luz que se extiende". Se construyó en 1395 y fue un hito importante en Seúl cuando era la capital durante la Dinastía Joseon. Lamentablemente, la puerta ha sufrido daños y ha sido ignorada en distintas épocas. En 1592, durante la invasión japonesa, se quemó y quedó en ruinas durante más de 250 años. Pero pasó por numerosos proyectos de restauración y la versión más reciente se abrió al público en 2010.

Elige tu camino a través de las Puertas del Arco Iris

Gwanghwamun tiene **tres puertas con forma de arco iris**, donde la historia cuenta que el **rey** usaba la **del medio**, los **oficiales militares** entraban por la **izquierda** y los **funcionarios civiles** por la **derecha**. Elija su puerta favorita y entre en el lugar que desee.

¡Descubra el Fénix Naciente bajo el Arco!

El Fénix Naciente está representado en el techo de la puerta central de Gwanghwamun, como **uno de los cuatro guardianes** encargados de defender el este, el oeste, el norte y el sur. Simboliza la dirección sur. Entremos en el palacio guiados por el Fénix Naciente.

¡Hazte una foto con la estatua de Haechi!

En la parte frontal del muro de Gwanghwamun hay una estatua de **Haechi 해치**, una criatura legendaria de la mitología china y coreana. Haechi tiene un cuerpo musculoso parecido al de un león, un cuerno en la frente, una campana alrededor del cuello y afiladas escamas que cubren su cuerpo. A principios de la dinastía Joseon, en la antigua Corea, las esculturas de Haechi se usaban en la arquitectura como **símbolo de protección de Hanyang (actual Seúl)**, garantizando la seguridad frente a los desastres naturales y promoviendo la ley y el orden entre la población. Haechi es también una querida mascota de Seúl.

Alquila un Hanbok y entra gratis

Sumérjase en la vida palaciega vistiendo un exquisito conjunto completo de **Hanbok**. Y aquí está la ventaja: llevando un conjunto completo de Hanbok, **puede disfrutar de entrada gratuita a los palacios**. Tenga en cuenta que una camiseta y unos pantalones Hanbok no se consideran un conjunto completo.

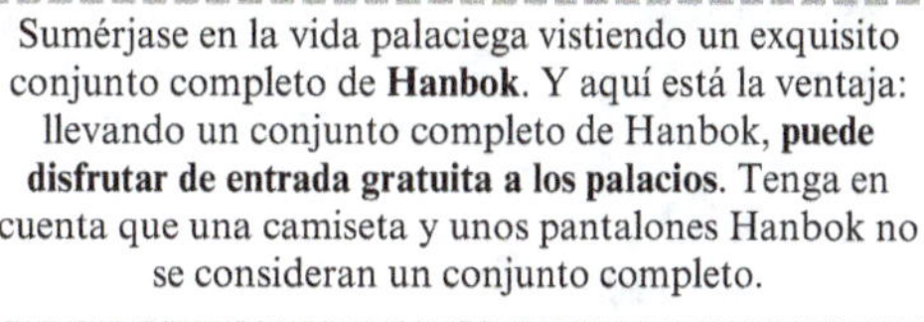

Cerca de la **estación de Gyeongbokgung**, en la **salida 4 de la línea 3 del metro**, hay varias tiendas de alquiler de hanboks.

¡Explore la herencia de Joseon a través de objetos!

Situado en Gyeongbokgung, este museo exhibe y supervisa los **tesoros culturales y objetos históricos de la familia real de Joseon**. Consta de dos plantas sobre el nivel del suelo y un sótano, con un total de 15 espacios de exposición, que presentan la historia de la familia real de Joseon, incluyendo varios palacios, el Imperio Coreano, pinturas reales y rituales.

국립고궁박물관
Jongno-gu Hyoja-ro 12 종로구 효자로 12

Todos los días 9 a.m. - 6 p.m.
(la última entrada es 1 hora antes del cierre.)
Cerrado el 1/1, Seollal, Chuseok

GEUNJEONGJEON 근정전 (SALA PRINCIPAL)

¡Descubra el legendario fénix tallado en piedra!

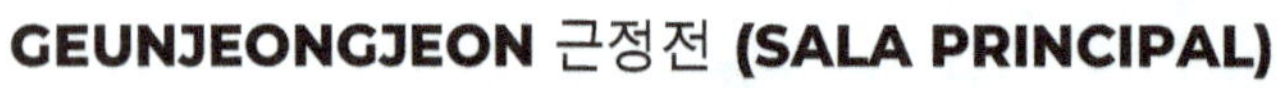

Una vez que se entra en el palacio, se encuentra un camino dividido en tres secciones, conocido como *samdo* 삼도 o "tres caminos". El camino central, que es el más ancho y alto, se llama camino real (*eodo* 어도) y era de uso exclusivo de los reyes. El camino del este era para los funcionarios civiles, mientras que el del oeste era para los funcionarios militares. En el complejo palaciego hay una **talla de piedra en forma de ave fénix** en el camino del rey, que simboliza la **paz y la prosperidad**. Según la tradición, el palanquín del rey pasaba por este lugar, ya que no caminaba directamente sobre el suelo.

Encuentre los lazos de hierro utilizados para montar las carpas

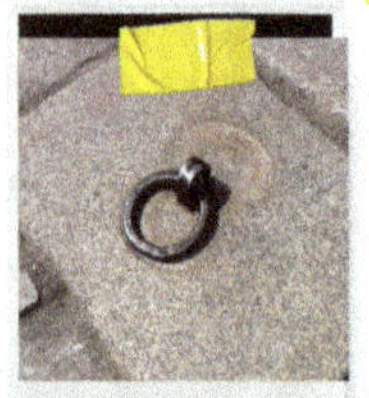

El suelo de la pista se pueden encontrar **carpas** durante acontecimientos importantes. Estos lazos protegían de la lluvia y la luz del sol. Se utilizaban para asegurar las tiendas atando una cuerda gruesa al lazo de hierro, cubriendo el sol cuando era necesario.

Hyangwonjeong 향원정 es un pequeño pabellón de dos pisos construido en 1873 por el rey Gojong. Tiene forma de hexágono y está situado en una isla artificial llamada **Hyangwonji 향원지**. Hay un puente llamado **Chwihyanggyo 취향교** que conecta el pabellón con los terrenos del palacio. Hyangwonjeong significa "pabellón de fragancia lejana" y Chwihyanggyo significa "puente embriagado de fragancia". El Chwihyanggyo original era el puente de madera más largo durante la Dinastía Joseon, pero fue destruido en la Guerra de Corea. Más tarde, en 1953, se reconstruyó en otro lugar, pero ahora se está trasladando a su emplazamiento original, en el lado norte de la isla.

Descubra el almacén de alimentos fermentados coreanos

Junto a Hyangwonjeong está **el *janggo* (장고)**, una zona de **almacenamiento designada** para una amplia gama de pastas utilizadas en banquetes, rituales y comidas reales. Aquí hay una amplia colección de vasijas de barro especializadas para fermentar y conservar alimentos como el kimchi, la pasta de judías y el gochujang. Estos almacenes estaban supervisados por una dama de la corte conocida como *janggo mama* 장고마마.

¡Descubre las misteriosas minestatuas del tejado!

GYEONGHOERU 경회루 (PABELLÓN)

¡El pabellón Gyeonghoeru 경회루 tiene las 11 estatuas en el techo!

Cuando mire a los tejados de los palacios coreanos, verá unas misteriosas estatuas llamadas *japsang (잡상)*. Estas estatuas se colocan en grupos de números impares, normalmente hasta 11. Provienen de un antiguo sistema de creencias coreano y su función es **alejar a los malos espíritus y la mala suerte**, como hacen las gárgolas en las historias occidentales. También indican que los edificios son importantes e impresionantes. Esta tradición pudo venir de China hace mucho tiempo, durante la Dinastía Joseon, ya que se cree que las estatuas representan a personajes y dioses de la literatura clásica china, *Viaje al Oeste*.

Fuera de **Jagyeongjeon (자경전)**, encontrará el *shipjangsaeng (십장생)*, también conocido como los "Diez Símbolos de la Longevidad". Este motivo tradicional coreano incluye representaciones del **sol**, la **montaña**, la **roca**, el **agua**, la **nube**, el **pino**, la **planta elixir**, la **tortuga**, la **grulla** y el **ciervo**. Cada símbolo tiene un significado para la longevidad y, cuando se combinan, realzan sus significados individuales.

¡Encuéntralos a todos!

- ○ Sol
- ○ Montaña
- ○ Roca
- ○ Agua
- ○ Nube
- ○ Pino
- ○ Planta elixir
- ○ Tortuga
- ○ Grulla
- ○ Ciervo

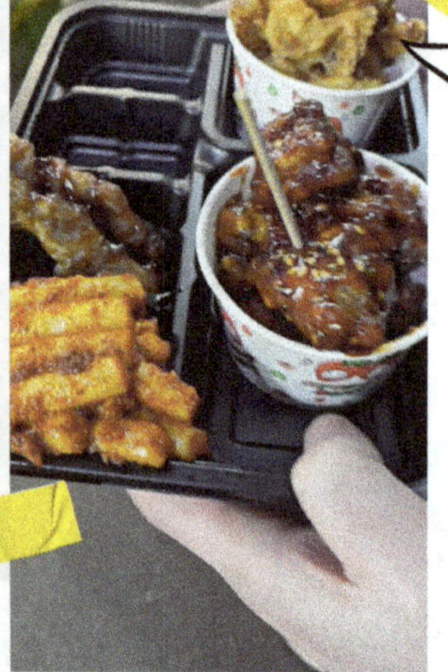

Come como los antiguos coreanos

Días laborables 11 a.m. - 3 p.m.
Fines de semana y feriados
11 a.m. - 4 p.m.

Situado cerca de **la estación de Gyeongbokgung**, el mercado de **Tongin es un animado restaurante** situado en la **segunda planta** que ofrece una experiencia única para comer. Aquí, puede comprar su comida usando *yupjeon* **엽전**, monedas tradicionales de la Dinastía Joseon. Una vez cambiado el dinero por estas monedas especiales, puede elegir su **propia fiambrera personalizada**.

Viaje por la vida cotidiana coreana

nfm.go.kr

E Museo Folclórico Nacional de Corea

Este museo se construyó en 1946 y se fusionó con el Museo Nacional de Corea, y 4.555 artefactos se trasladaron al monte Namsan. En 1993, se inauguró en su lugar actual, **dentro de Gyeongbokgung**. El museo tiene más de 98.000 objetos que muestran vívidamente la **historia de la vida cotidiana de los coreanos**. Es un lugar estupendo para comparar la vida de los reyes y la gente corriente en la historia de Corea. Además, hay muchas **actividades** divertidas para todos.

Todos los días 9 a.m. - 6 p.m.
(la última entrada es 1 hora antes del cierre.)
Cerrado el 1/1, Seollal, Chuseok

2 CHANGDEOKGUNG 창덕궁
"Palacio de la Virtud Prosperante"

Cheangdeokgung está situado en la parte oriental de Seúl y es conocido por sus **bellos jardines y paisajes naturales**. Fue el palacio favorito de muchos reyes de la dinastía Joseon y es **Patrimonio de la Humanidad de la UNESCO**.

Febrero - Mayo: 9 a.m. - 6 p.m.
Junio - Agosto: 9 a.m. - 6:30 p.m.
Septiembre - Octubre: 9 a.m. - 6 p.m.
Noviembre - Enero: 9 a.m. - 5:30 p.m.
(la última entrada es 1 hora antes del cierre)

*Cerrado el **lunes** (si una fiesta nacional cae en lunes, se cierra al día siguiente)
Ofrece **un programa de visitas nocturnas estacionales. Consulte el sitio web para conocer los horarios más actualizados.

Edad 19~64 1,000 won / 800 won (grupo, 10 o más)
- Gratuito: Menores de 18 años, mayores de 65 años / Por llevar Hanbok
- Huwon 후원 (Jardín Trasero) tiene un límite de 100 personas por sesión (50 en línea / 50 con reserva in situ). Se recomienda encarecidamente reservar por Internet con antelación.

¡Localiza al temible duende coreano en el puente de piedra!

Cada palacio real coreano tenía un arroyo que lo atravesaba, y había un puente de piedra sobre el arroyo. Hacían estatuas de duendes, llamadas *dokkaebi* 도깨비, y las tallaban en los puentes de piedra. La gente creía que estas estatuas de duendes y otras criaturas terroríficas **alejarían a los malos espíritus y mantendrían a salvo el palacio.**

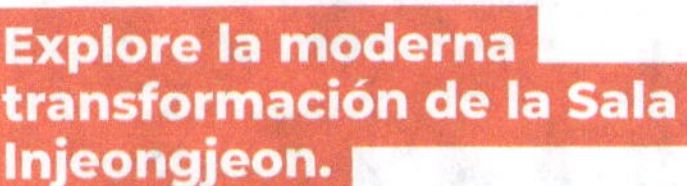

GEUMCHEONGYO 금천교

karendotcom127 flickr.com/photos/karendotcom127 (CC BY 2.0)

Explore la moderna transformación de la Sala Injeongjeon.

La sala Injeongjeon, que se convirtió en una **puerta de entrada a culturas extranjeras** durante las relaciones diplomáticas de finales de la Dinastía Joseon, se modernizó con añadidos occidentales como ventanas, bombillas y cortinas. Esta transición continuó cuando el rey Sunjong se trasladó al palacio de Changdeokgung en 1907, lo que llevó a la sustitución del tradicional suelo *jeondol* 전돌 (ladrillo) por otro moderno y a la introducción de bombillas eléctricas.

SALA INJEONGJEON 인정전

¡Descubra el tradicional extintor coreano!

En los rincones de las salas hay **jarras** especiales **de bronce** llamadas *deumeu* 드므 o *deumu* 드무. Se llenan de agua para **detener los incendios y alejar a los malos espíritus del fuego**. La gente pensaba que estos espíritus se verían en el agua y se asustarían. En invierno, ponían hogueras cerca para evitar que el agua se congelara. ¡Esto demuestra cómo combinaban sus creencias y el razonamiento científico!

NAKSEONJAE 낙선재

Construido en 1847, **Nakseonjae 낙선재** se estableció como **lugar de retiro y estudio del rey Heonjong**. Conocida como la última residencia de la familia real, su interior cuenta con una puerta circular **que se asemeja a una luna llena**, mostrando la sensibilidad artística de la Dinastía Joseon.

Dadreot. via wikimedia commons CC BY-SA 3.0

느꽃지기 blog.naver.com/kwwoolim (CC BY 2.0 KR)

En la parte trasera de la residencia hay un **precioso jardín**, junto a un modesto y elegante pabellón llamado **Sangryangjeong 상량정**. En la verja oeste también hay una **entrada circular de ladrillo**. Es la última puerta de palacio que queda con esta característica forma redonda. En su interior hay **puertas correderas que se mueven de lado a lado**.

Descubre el Jardín Trasero del Palacio

Construido originalmente durante la Dinastía Joseon, el **Jardín Trasero (Huwon 후원) servía** de **refugio privado para la familia real**, ofreciéndoles una escapada pacífica de las exigencias de la vida cortesana. Hoy, los visitantes pueden embarcarse en visitas guiadas para explorar sus serenos paisajes, serpenteantes senderos, bellos estanques y pabellones tradicionales.

La entrada está separada del palacio principal, por lo que se requiere un billete aparte para la visita. Debido a su delicada naturaleza, el número de visitantes diarios es limitado, y la entrada se concede mediante visitas programadas. Consulte el sitio web para más información.

Encuentre un bar al aire libre para divertirse bebiendo.

En la zona de Huwon ("Jardín trasero"), hay un arroyo llamado **Ongnyucheon 옥류천** ("Arroyo de Jade"). Tiene un canal de **agua en forma de U** hecho en 1636 para hacer **flotar copas de vino**. También hay una pequeña **cascada** y un **poema** escrito en **una gran roca** sobre ella. Además, en esa zona hay **cinco pequeños pabellones**.

③ CHANGGYEONGGUNG 창경궁
"Palacio de la Magnífica Alegría"

Changgyeonggung está situado en la parte oriental de Seúl, junto a Changdeokgung. Originalmente se construyó como **palacio de verano**, pero más tarde se convirtió en **jardín botánico**.
*Puede empezar desde el palacio Changdeokgung y venir por el Jardín Trasero 후원 (Huwon).

Todos los días 9 a.m. - 9 p.m.
(la última entrada es 1 hora antes del cierre)

*Cerrado el **lunes**
(si una fiesta nacional cae en lunes, se cierra al día siguiente)
Ofrece un **programa de visitas nocturnas estacionales.
Consulte el sitio web para conocer los horarios más actualizados.

Edad 19~64 1,000 won / 800 won (grupo, 10 o más)
- **Gratuito:** Menores de 18 años, mayores de 65 años / Por llevar Hanbok

¡Experimente un día en la vida de un funcionario de la Corte!

MYEONGJEONJEON 명정전 (SALA PRINCIPAL)

Las "piedras de rango", conocidas como p**umgyeseok** 품계석, están ordenadas en dos filas y ofrecen una visión del mundo de los funcionarios de la corte y sus funciones durante las ceremonias. Elija su rango preferido y colóquese a su lado para hacerse una foto.

Descubre el Trono Real del Rey con majestuosos fénix sobrevolándolo.

Wei-Te Wong flickr.com/photos/wongwt (CC BY-SA 2.0)

El Trono del Fénix, o *eojwa* 어좌 simboliza la máxima autoridad del rey, portador de un profundo significado. El ave fénix guarda una larga relación con **la realeza coreana**, evidente en diversos aspectos, como los murales de las tumbas del reino de Goguryeo 고구려.

¡Explore el biombo real y su significado!

El *Irworobongdo* 일월오봉도, también conocido como la "**Pintura del Sol, la Luna y los Cinco Picos**", es un biombo tradicional coreano que se exhibía **detrás del trono real** en la Dinastía Joseon. Representa un paisaje estilizado con el sol, la luna y cinco picos, que simbolizan al rey, la reina y una tierra mítica. Este biombo mostraba espléndidamente la majestuosidad de la corte real de Joseon.

¡Descubra la Cámara Sagrada de la Placenta Real!

Taesil 태실, que significa "cámara de la placenta", es una estructura construida para consagrar el **cordón umbilical y la placenta del rey Seongjong 선종**, que reinó de 1469 a 1494. Esta práctica estaba arraigada en la tradición y las creencias de la Dinastía, que sostenía que conservar las placentas de los herederos reales en lugares propicios por todo el país estaba vinculado al destino de la familia reinante.

¡Diga en qué dirección sopla el viento con este instrumento de piedra!

Wei-Te Wong flickr.com/photos/wongwt (CC BY-SA 2.0)

Punggidae 풍기대 es un **dispositivo de medición de piedra utilizado para determinar la velocidad y dirección del viento**. Se inserta una pértiga en un agujero en la parte superior de la piedra, con un trozo de tela atado al extremo de la pértiga para indicar el movimiento del viento.

Encuentra el reloj de sol e intenta dar la hora

Angbuilgu 앙부일구 es un **reloj de sol con forma de caldero volcado**, creado durante el reinado del rey Sejong en 1434 y famoso por su capacidad para mostrar la hora solar local y los veinticuatro términos solares.

*Se trata de una réplica, y el artefacto real se conserva en el **Museo del Palacio Nacional**, dentro de Gyeongbokgung.*

¡Descubra diversas plantas en el primer invernadero de estilo occidental de Corea!

Fundado en 1909, el **Daeonsil 대온실** ("Gran Invernadero") es el **primer invernadero de estilo occidental de Corea** construido junto a un palacio zoológico por el gobierno colonial japonés. Diseñado por un arquitecto japonés y construido por una empresa francesa, la estructura fusiona acero y madera, con un exterior de cristal. Al principio exhibía plantas exóticas y más tarde, tras la restauración del palacio en 1986, pasó a presentar plantas autóctonas coreanas.

4 DEOKSUGUNG 덕수궁
"Palacio de la Longevidad Virtuosa"

Deoksugung está situado en el corazón de Seúl, cerca del Ayuntamiento. Fue la **residencia de la familia real a finales de la dinastía Joseon** y presenta una **mezcla de arquitectura tradicional y moderna (occidental)**.

Todos los días 9 a.m. - 9 p.m.
(la última entrada es 1 hora antes del cierre)

*Cerrado el **lunes**
(si una fiesta nacional cae en lunes, se cierra al día siguiente)
*Ofrece un **programa de visitas nocturnas estacionales**.
Consulte el sitio web para conocer los horarios más actualizados.

Edad 19~64 1,000 won / 800 won (grupo, 10 o más)
- **Gratuito**: Menores de 18 años, mayores de 65 años / Por llevar Hanbok

¡Vea la auténtica ceremonia de cambio de guardia real!

*Este es **Daehanmun** 대한문, que también es la taquilla del palacio.

En la Dinastía Joseon, la **Guardia Real** era como una **defensa nacional** y ayudaba al rey a **mantener el control y el orden**. Comenzó con el primer guardia de puerta en 1469, cuando el rey Yejong se convirtió en monarca. Más tarde, durante el reinado de Seongjong, se añadieron al Código Nacional normas para su gestión. En 1906, se inició una ceremonia para cambiar la guardia real frente a la Puerta Daehanmun, convirtiéndola en la entrada principal al Palacio.

*La ceremonia se celebra todos los días a las 11 a.m. y a las 2 p.m. (excepto los lunes)

¡Echa un vistazo a las increíbles ilustraciones del tambor del dragón!

El *yonggo* 용고, también llamado "**tambor dragón**", es un tambor de barril utilizado en la música militar llamada *daechwita* 대취타. Tiene cabezas tachonadas con diseños de dragones pintados. Se golpea con dos baquetas acolchadas.

¡Cruza el Puente de Piedra y Purifica tu Alma!

Más allá de la Puerta se encuentra **Geumcheongyo 금천교** (tiene el mismo nombre que el de Changdeokgung, construido en 1411 y posteriormente excavado y restaurado en 1986. Es el puente más antiguo que se conserva en Seúl. Al entrar por él, se atraviesa un arroyo que representa un estanque sagrado que hay en todos los palacios reales. Este acto significa **purificarse antes de entrar**.

¡Descubre el fénix y el dragón en las tejas!

El patrón de los azulejos de **Yuhyeonmun 유현문**, que conduce a **Hamnyeongjeon 함녕전**, el dormitorio del rey, muestra los vibrantes diseños **del fénix** y el dragón. Estos motivos simbolizan **la autoridad del rey**.

¡Encuentra los símbolos místicos del arquitecto de estilo occidental!

Situado en la colina del jardín trasero, con vistas al palacio, **Jeonggwanheon 정관헌** es un edificio construido alrededor de 1900 para el **descanso** y el **entretenimiento**. Incorpora **elementos arquitectónicos coreanos y occidentales** y fue diseñado por un arquitecto ruso. Las columnas superiores del edificio están adornadas con tallas de motivos tradicionales coreanos, como **dragones azules** y **dorados**, **murciélagos** y **jarrones de flores**.

Los azulejos de estilo occidental del suelo de Jeonggwanheon.

Seokjojeon 석조전 es un edificio histórico construido en 1900 como **salón principal y residencia del rey Gojong**. Diseñado por un arquitecto británico, combina los estilos arquitectónicos occidental y coreano, y fue testigo de importantes acontecimientos y restaurado en la década de 1990. **Desde el césped, al otro lado de la fuente de agua**, se puede capturar una **foto que fusiona maravillosamente el pasado y el presente de Corea**, mezclando las influencias occidentales con las tradiciones coreanas.

Seokseokjeon consta del **Donggwan 동관 (edificio este)** y el **Seogwan 서관 (edificio oeste)**. El edificio principal, **Donggwan, alberga** actualmente el **Museo de Historia del Imperio Daehan (coreano)**, que exhibe artefactos relacionados con la familia real, mientras que el **Seogwan**, añadido más tarde, alberga ahora el **Museo Nacional de Arte Moderno y Contemporáneo**.

Museo de Historia del Imperio Daehan (Donggwan)   Martes a domingo: 9:30 a.m. - 4:30 p.m. **Cerrado lunes**

* Puede explorar libremente la planta baja sin reserva. Las plantas 1ª y 2ª requieren reserva.   **deoksugung.go.kr**

Museo Nacional de Arte Moderno y Contemporáneo (Seogwan)

Martes, jueves, viernes y domingos: 10 a. m. - 6 p. m. / Miércoles y sábados: 10 a. m. - 9 p. m. **Cerrado lunes**

* Puede visitar la Planta Baja.   **mmca.go.kr**

Hay un lugar en particular en Seúl que quizá quieras evitar explorar con tu pareja: el **Deoksugung Doldamgil 덕수궁 돌담길**, también conocido como el **"camino de la pared de piedra"**. Este camino discurre junto al muro de piedra que rodea la zona de Deoksugung parece encantador a primera vista.

Sin embargo, existe una **leyenda urbana que sugiere** que caminar por este sendero puede provocar la ruptura de **las parejas**. Aunque los orígenes exactos de esta creencia siguen sin estar claros, cabe señalar que el sendero conduce finalmente al **Tribunal de Familia de Seúl**, por donde tienen que pasar muchas parejas que desean separarse. ¿Se atreve a probar suerte?

Muy cerca del palacio Deoksugung, hay una **tienda Starbucks única que** sólo puede encontrarse en Corea. La tienda de **Hwangudan 환구단** está exquisitamente diseñada con arquitectura **Hanok tradicional coreana**, que sirve de inspiración para su decoración interior y sus artículos.

Starbucks Hwangudan 스타벅스 환구단점
Jung-gu Sogong-ro 112
중구 소공로 112

¡Situado en el Hotel Westin Josun!

5 GYEONGHUIGUNG 경희궁
"Palacio de la Alegría y la Armonía"

La construcción del palacio concluyó en 1620. Tras la invasión japonesa de 1592, se convirtió en un palacio independiente, conocido como el **Palacio Oeste**, separado de la residencia real, **Changdeokgung**. En sus mejores tiempos, Gyeonghuigung albergaba **más de 100 salas**; sin embargo, los incendios destruyeron la mayoría y las restantes se desmantelaron para ampliar Gyeongbokgung. Tras la liberación de 1945, la **Escuela Secundaria de Seúl** se estableció aquí hasta 1978. En 1985, se emprendieron **obras de restauración**, incluida la sala Sungjeongjeon.

Todos los días 9 a.m. - 6 p.m.
(la última entrada es 1 hora antes del cierre)

*Cerrado el **lunes**
(si una fiesta nacional cae en lunes, se cierra al día siguiente)

Free Admission

¡Echa un vistazo a la vida del Rey!

Dentro del **Sungjeongjeon 숭정전** hay una cautivadora **mini exposición** que recrea vívidamente la **vida en el palacio**. Sumérjase en la experiencia de sentarse en el Trono del Fénix y reviva el esplendor de este espacio meticulosamente restaurado, para hacerse una idea de cómo debió de ser en el pasado.

SUNGJEONGJEON 숭정전

¿Puedes encontrar los 17 objetos reales?

Utiliza la imagen para localizar e identificar los **17 objetos reales** del edificio. Intenta adivinar para qué se utilizaba cada objeto basándote en su aspecto y contexto.

1. El biombo real
2. Bandera de Honor (Cheongseon 청선)
3. Soporte para Incienso / Jarrón
4. Trono Real
5. Asiento del Secretario
6. Mesa de Lectura
7. Mesa de Tinta
8. Asiento del Historiógrafo
9. Lámpara
10. Bandera de Honor (Parasol 일산)
11. Bandera de Honor (Abanico de Dragón 용선)
12. Bandera de Honor (Abanico de Fénix 봉선)
13. Espada
14. Bandera de Honor (Hongyangsan 홍양산)
15. Bandera de Honor (Geumwolbu 금월부)
16. Bandera de Honor (Sujeongjang 수정장)
17. Quemador de Incienso / Incensario

TAERYEONGJEON 태령전

¡Conoce el Retrato del Rey Yeongjo!

Inicialmente, **Taeryeongjeon 태령전** no tenía ningún propósito o función específicos. Sin embargo, en 1744, durante el vigésimo año del reinado de Yeongjo, se llevó a cabo una renovación y se designó un lugar especial para el **retrato del rey** dentro de la estructura.

Descubra la razón de ser del palacio: ¡la Roca del Rey!

Originalmente conocida como **Wangam 왕암** (**Roca del Rey**), **Seoam 서암** es el nombre que recibe la roca situada detrás de Taeryeongjeon. El nombre "Wangam" se debe a la creencia popular de que Gwanghaegun, un antiguo rey, sintió una **energía regia** que emanaba de la roca y decidió establecer Gyeonghuigung en sus inmediaciones. En 1708, durante el 34º año del reinado de Sukjong, se rebautizó oficialmente como Seoam, y el propio monarca escribió personalmente el nombre en caracteres chinos, que se grabaron en una piedra.

EN EL EMPLAZAMIENTO DEL PALACIO

Museo de Historia de Seúl

museum.seoul.go.kr

Jjw, (CC BY-SA 3.0), via Wikimedia Commons

¡Embárquese en un viaje en el tiempo para explorar el pasado y el presente de Seúl!

El museo ofrece un completo recorrido por la historia y **la cultura de Seúl**, desde la prehistoria hasta la era moderna. Desde la ilustre Dinastía Joseon hasta el periodo de dominación colonial japonesa, podrá sumergirse en la notable evolución de Seúl, especialmente en sus notables avances tras la Guerra de Corea.

서울역사박물관
Jongno-gu Saemunan-ro 55 종로구 새문안로 5

Todos los días 9 a.m. - 6 p.m.
(la última entrada 5:30 p.m.)
Cerrado el lunes y 1/1

6 CHEONG WA DAE 청와대
"Antigua residencia de los presidentes coreanos"

También conocida como la "Casa Azul" por sus singulares azulejos azules, este edificio **se construyó en 1946 y funcionó como despacho y residencia del presidente surcoreano hasta 2022**. Ahora abierto al público, el establecimiento ocupa unas 62 hectáreas y se construyó dentro de los terrenos históricos del jardín real de la Dinastía Joseon. Su impresionante ubicación cerca de la montaña Bugaksan ofrece una experiencia increíble a los visitantes de Corea. Para conocer los **programas disponibles e inscribirse, no deje de visitar el sitio web**.

자부 blog.naver.com/zaaboo
(CC BY 2.0 KR)

Marzo - Noviembre a.m. - 6 p.m. (la última entrada 5:30 p.m.)
Diciembre - Febrero 9 a.m. - 5:30 p.m. (la última entrada 5 p.m.)
(Con **reserva** y **solicitudes in situ**)

Entrada gratuita

****Cerrado el martes**
(Si una fiesta nacional cae en martes, se cierra al día siguiente)

opencheongwadae.kr/eng

La página de reservas se presenta sólo en coreano. Es posible que tenga que utilizar la función de traducción de su navegador.

Detalles de la solicitud in situ:
- Requisitos: Mayores de 65 años, personas con discapacidad (pueden tener 1 persona más), personas con derecho a prestaciones nacionales para veteranos y extranjeros.
- Lugares de aplicación: **Centro de Información de la Puerta Principal**, **Chunchumun 춘추문 Centro de Información de la 37ª Puerta**

Número máximo de participantes
Reserva individual: 6
Reserva de grupo: 20-50
Solicitantes mayores de 65 años/discapacitados: 6

Puede entrar y salir desde cualquier punto, y no hay límite de tiempo para su experiencia visual.

¡Tome un autobús autónomo para llegar hasta allí!

Una mezcla de tradición y vanguardia. Disfrute de un paseo en nuestro autobús autónomo. Este innovador autobús recorre el Paseo Stonewall de Gyeongbokgung en un trayecto de 2,6 km. No es necesario reservar, ¡sólo tiene que subir y disfrutar del viaje!

Autobús nº A01
Parada: cerca de la entrada principal del **Museo del Palacio Nacional de Corea (Gyeongbokgung)** / junto a la **salida nº 5 de la línea 3 del metro de la estación de Gyeongbokgung.**

Horario:
(Lunes – Viernes) 9 a.m. –5 p.m.
(pausa de 12 p.m. - 1 p.m.);
(Sábados y Domingos) 9:30 a.m. –5 p.m.
(pausa de 12 p.m. - 1 p.m.)

Tarifa:
Gratuita
(se requiere tarjeta de transporte / T-Money)

Sarangchae 사랑채 (situado justo enfrente de la parada de autobús de Cheongwadae) es un lugar donde los visitantes pueden conocer la historia de Cheong Wa Dae y a qué se dedica. Dentro hay una silla que recuerda a la del presidente. Siéntese en ella e imagine que es el presidente de Corea del Sur.

¡Pasa por debajo de esta Puerta para la Eterna Juventud!

No olvide pasar por debajo de la encantadora puerta **Bulomun 불로문**, a la entrada del Pequeño Jardín. Cuenta la leyenda que pasar por debajo otorga la eterna juventud. Así que, adelante, pida su deseo de una vida llena de salud y longevidad: el jardín le invita a abrazar esta esperanzadora tradición.

자부 blog.naver.com/zaaboo (CC BY 2.0 KR)

¡Ponte en la piel de un portavoz presidencial!

Chunchugwan 춘추관 actúa como **centro de prensa de Cheong Wa Dae**, proporcionando información actualizada a los medios de comunicación sobre políticas y asuntos importantes. ¿Por qué no te pones firme y sacas una foto memorable aquí? Si el estrés no le asusta, quizá su vocación sea ser portavoz presidencial.

표리 blog.naver.com/jj0ry (CC BY-SA 2.0 KR)

Recorra la ruta Heritage Trail para disfrutar de las vistas desde las alturas.

자부 blog.naver.com/zaaboo (CC BY 2.0 KR)

Rodeado de hermosa naturaleza, el Sendero del Patrimonio ofrece asombrosas vistas de Cheong Wa Dae y Seúl desde la montaña Bugaksan. Se puede empezar por el camino que hay detrás de la residencia presidencial. La subida es de unos 510 metros y ofrece amplias vistas de lugares como Gyeongbok y la moderna Seúl. También verá el apacible Pabellón Ounjeong y encontrará un antiguo Buda sentado de piedra. Este sendero mezcla historia, naturaleza y vida moderna, lo que lo convierte en una aventura de 30 minutos que siempre recordará. Una vez que termine, volverá al edificio principal de oficinas.

Aldeas Hanok

Retroceda en el tiempo y experimente el estilo de vida coreano

Experimente la **belleza única de la arquitectura tradicional coreana** mientras pasea por las calles de estos barrios históricos. Sumérjase en el modo de vida tradicional coreano y conozca mejor la riqueza cultural y patrimonial del país. Estos pueblos ofrecen una visión del pasado de Corea con sus **encantadores cafés, tiendas locales e impresionantes detalles arquitectónicos.**

Pueblo de Bukchon Hanok 북촌 한옥마을 Jongno-gu, Gahoe-dong 31-48 종로구 가회동 31-48
17 minutos a pie (0.53 miles / 865 m) de la estación de **Anguk Salida nº2 del metro Línea 3**

Situado **entre Gyeongbokgung y Changdeokgung**, en el corazón de Seúl, destaca por su amplitud y extensión. Cuenta con unas **900 casas tradicionales hanok bien conservadas** que siguen ocupadas por residentes locales. Aunque funcionan principalmente como zonas residenciales, algunas casas se han transformado en **centros culturales, pensiones y tiendas**, lo que ofrece a los visitantes una visión de la **vida cotidiana de los residentes**. Además, el pueblo está enclavado entre dos palacios, lo que ofrece unas **vistas impresionantes de la arquitectura tradicional** yuxtapuesta al **moderno perfil de Seúl.**

La aldea hanok de Bukchon es un destino popular entre los turistas extranjeros, y con frecuencia sirve **de telón de fondo en dramas y películas**. Una zona en particular que destaca es el punto fotográfico situado en lo alto de las casas con tejados de tejas. Es un verdadero espectáculo.

Está a unos 15 minutos a pie de la **estación de Anguk**.

Samcheongdong Sujebi 삼청동 수제비
Jongno-gu, Samcheong-ro 101-1
종로구 삼청로 101-1
Todos los días 11 a.m. - 9 p.m.

¡Deléitese con el famoso plato de fideos rotos a mano!

Fundado en 1982 y recientemente reconocido por la **Guía Michelin**, este entrañable restaurante es famoso por su delicada cocina **Sujebi 수제비** (fideos rotos a mano) en sabroso caldo de anchoas, también ofrecen deliciosas tortitas de patata.

 Las visitas fuera de la hora de comer pueden agilizar la entrada.

¡Saboree la belleza del entorno con un sorbo de té coreano!

Cha Teul 차마시는 뜰
Jongno-gu, Bukchon-ro 11na-gil 26 종로구 북촌로11나길 26

**Dom: 11 a. m. - 9 p. m.
Mar - Vie: 12 p.m. - 9 p.m.
Cerrado Lunes**

Enclavada en un pintoresco entorno de arquitectura y jardines tradicionales coreanos, esta casa de té ofrece un auténtico encuentro con la cultura del té tradicional de Corea. Los visitantes pueden degustar tés de campanilla, ciruela, azufaifo y hierba plateada con dulces y pasteles de arroz clásicos coreanos.

구링빠 blog.naver.com/donggoo1214 (CC BY-SA 2.0 KR)

¡Visite el lugar de rodaje de la película "The Assassination"!

Esta casa, notable por sus apariciones en "**El asesinato**" y "**Ricos renacidos**", tiene valor histórico por ser la antigua residencia de Baek In-je, la fundadora del Hospital Baek. Al ser **la segunda casa tradicional más grande de Seúl**, ofrece entrada gratuita y un lugar para hacer fotos en el anexo, invitando a los visitantes a capturar su esencia a través de imágenes.

Jongno-gu, Gahoe-dong 11-7
종로구 가회동 11-7
La Casa de Baek Inje 백인제 가옥
Mar - Dom : 9 a.m. - 6 p.m. Cerrado Lunes

이책어때 blog.naver.com/whyreadbooks (CC BY-ND 2.0 KR)

Explore la **elegancia de los nudos ornamentales coreanos tradicionales**, como borlas, pretinas y adornos en abanico, armoniosamente presentados con diseños contemporáneos en este taller. Aprecie la fusión de herencia e innovación, y únase a su clase práctica para elaborar un cordón para móvil, una muñequera y un collar utilizando la consagrada técnica de los nudos coreanos. Este **taller** combina historia y creatividad y ofrece formación en artesanía para todos los niveles de experiencia.

Taller de nudos Donglim 동림 매듭공방
Jongno-gu, Gahoe-dong 11-7
종로구 가회동 11-7

Mar - Dom 10 a.m. – 6 p.m. shimyoungmi.com

BUSQUE DIRECCIONES

Este espacio ofrece un **centro de experiencias, un centro educativo y una sala de exposiciones**, que brindan amplias oportunidades de **aprender y relacionarse con la artesanía tradicional coreana**. A pesar de su reducido tamaño, ofrece una variada gama de programas de artesanía que varían según el día de la semana y se realizan en pequeños grupos de unas 10 personas. Cualquiera puede participar en las actividades de artesanía tradicional **sin necesidad de reserva**.

Centro de experiencias de artesanía tradicional de Bukchon 북촌전통공예체험관
Jongno-gu, Gahoe-dong 11-7
종로구 가회동 11-7

Mar - Oct : Todos los días 10 a.m. – 6 p.m.
Nov - Feb : Todos los días 10 a.m. - 5 p.m.
(Excepto Seollal y Chuseok)

Tel: 02-741-2148

BUSQUE DIRECCIONES

El pueblo hanok de Bukchon no es sólo un popular destino turístico, sino también un lugar muy solicitado para celebrar bodas. Si tiene suerte, puede encontrarse con una pareja intercambiando votos. ¿Qué tal si compartimos unas sentidas palabras de bendición para su día especial?

La vasta y cautivadora colección del museo, centrada en la **pintura folclórica**, cuenta con **2.000 reliquias de la ilustre dinastía Joseon**. Los visitantes son bienvenidos a participar en una amplia gama de **experiencias de pintura folclórica**, desde dibujar talismanes a colorear pinturas folclóricas, e incluso crear sus propios abanicos adornados con intrincados diseños de pintura folclórica.

Museo Gahoe 가회박물관
Jongno-gu, Bukchon-ro 52
종로구 북촌로 52

Mar - Dom : 10 am - 6 pm
gahoemuseum.org

BUSQUE DIRECCIONES

Pueblo Namsangol Hanok 남산골 한옥 마을   Jung-gu, Toegye-ro 34-gil 28 중구 퇴계로34길 28
6 minutos a pie (0.19 miles / 306 m) de la estación de **Chungmuro Salida nº4 del metro Línea 3 o 4**

hanokmaeul.or.kr **Mar - Dom : 9 a.m. - 8 p.m. Cerrado Lunes**

BUSQUE DIRECCIONES

La aldea Hanok de Namsangol descansa en la **base de la montaña Namsan, cerca de Myeongdong**. Se trata de una pequeña aldea con **cinco casas Hanok tradicionales**, establecida a propósito como **destino turístico**, que ofrece la oportunidad de **explorar y reconectar con la vida de sus antepasados**. Una de sus principales ventajas es que permite a los visitantes conocer los interiores y comprender mejor la arquitectura y las costumbres tradicionales coreanas. Se puede participar en **programas culturales**, disfrutar de **actuaciones** y **explorar exposiciones**.

Capture una foto de una casa adornada con *cheongsachorong* 청사초롱, un **farol tradicional coreano**. Estos faroles suelen crearse combinando tonos rojos y azules de seda y colocando una vela dentro del cuerpo. Aunque tradicionalmente se usaban en ceremonias nupciales, ahora se exhiben en diversas exposiciones culturales por toda Corea.

En las casas tradicionales coreanas era costumbre establecer **santuarios dedicados a presentar respetos a los antepasados**. Explora una casa con un santuario de este tipo y observa qué ofrendas se colocan sobre la mesa.

Cuando entre en la cocina de una casa Hanok, descubrirá cómo los coreanos mantenían calientes sus hogares durante el invierno. El *agungi* 아궁이, una plataforma para calentar el caldero, utilizaba el calor residual para calentar el suelo de las habitaciones. Este sistema de calefacción se conocía como *ondol* 온돌, y es algo que se puede experimentar en el *jjimjilbang* 찜질방, un balneario coreano.

Si se celebra una boda, puede **observar la ceremonia desde el exterior**. Es una boda de verdad, no una representación.

**Mar — Nov
(excepto julio y agosto)
Sat and Dom
11 a.m. / 13 p.m. / 3 p.m.**

MAPA DEL ALTO SEÚL

Deléitese con los **auténticos sabores de los restaurantes callejeros coreanos** y sumérjase en la vibrante atmósfera donde los lugareños se reúnen para saborear sus platos favoritos. Experimente la verdadera esencia de la gastronomía local, **como un habitante más**.

Mercado de Gwangjang 광장시장
Jongno-gu, Changgyeonggung-ro 88
종로구 창경궁로 88

BUSQUE DIRECCIONES

5 minutos a pie (0.18 miles / 296 m) de la estación de **Jongno-5(o)-ga Salida nº8 del metro Línea 1**

El mercado de Gwangjang es un **animado mercado tradicional** que los extranjeros deberían visitar para vivir una **emocionante experiencia cultural**. En el mercado se puede ver y probar una gran variedad de cosas, como deliciosa **comida callejera** coreana, hermosos **tejidos** y **artesanía hecha a mano**.

¡Pruebe el trío "Kim Tteok Soon", el favorito de los locales!

"Kim Tteok Soon 김떡순" es una juguetona abreviatura que representa al querido trío de comidas callejeras coreanas: **Kim**bab 김밥, **Tteok**bokki 떡볶이 y **Soon**dae 순대. Estos platos son tan populares entre los lugareños, ¡hasta el punto de recibir un nombre como una persona real!

Kimbap 김밥 : rollo coreano compuesto de arroz sazonado, varios rellenos como verduras, carne y encurtidos.

Tteokbokki 떡볶이 : Pasteles de arroz masticables cocinados en gochujang (pasta de pimiento picante y dulce), a menudo servidos con pasteles de pescado y verduras.

Soondae 순대 : Salchicha coreana elaborada con sangre de cerdo, arroz y diversos condimentos.

BUSQUE DIRECCIONES

Pojangmacha (포장마차), a menudo abreviado como "pocha", significa "carro cubierto". Originalmente, era un **sencillo restaurante móvil al aire libre** que funcionaba en **carros cubiertos**. Solía ser una opción popular para los coreanos que buscaban una **comida rápida y asequible** con una botella de soju después del trabajo. Sin embargo, con la aparición de establecimientos que atienden a clientes más jóvenes, se ha convertido en un **lugar encantador para las citas**. Los pojangmachas también aparecen con frecuencia como **telón de fondo en los dramas coreanos**.

¡Abrir una botella de soju a la coreana!

Antes de abrir una botella de soju, agítala o hazla girar rápidamente para crear un pequeño tornado en la botella.

Golpea el fondo de la botella con el codo.

Abra el tapón de rosca y golpee el cuello de la botella con un suave golpe de taekwondo, o haga una forma de V con la mano y golpee el cuello de la botella entre ellas, para conseguir que la parte superior del soju salpique fuera de la botella.

En el pasado, las botellas de soju tenían sacacorchos que podían romperse y dejar pequeños trozos dentro de la botella si no se guardaban correctamente. Para deshacerse de estos trozos, la gente empezó a agitar y girar la botella. Luego golpeaban el fondo para que los trozos subieran y fuera más fácil sacarlos. Aunque ahora las botellas de soju tienen tapones de rosca y el ritual ya no tiene una finalidad práctica, muchos siguen haciéndolo por diversión.

¡Rétese a probar los abadejos secos!

A pesar de su aspecto poco atractivo, los pequeños abadejos secos, también conocidos como *nogari* 노가리, son un acompañamiento popular para beber y ofrecen numerosos beneficios para la salud. (Consejo: maridan bien con la cerveza).

¡Prepárate un cóctel Somaek!

Somaek 소맥 (**soju** + **maek**ju 맥주 "cerveza") es la opción número uno entre los coreanos que carecen de tiempo pero quieren aprovechar los beneficios del alcohol en el menor tiempo posible. La proporción 3:7 (soju:cerveza) es la fórmula más popular. Prueba uno (sólo si tienes más de 19 años).

Pruebe la amplia selección de delicias callejeras de Myeongdong.

BUSQUE DIRECCIONES

Myeongdong es un animado distrito de Seúl (y aquí es donde se ven más extranjeros que coreanos). Ofrece una amplia variedad de sabrosas opciones de comida callejera que atraen las preferencias de todos. Tanto si le gustan los sabores locales como las influencias internacionales, encontrará algo delicioso que comer. Al pasear, se encontrará con tentadores olores y puestos de comida, ¡lo que creará una **emocionante experiencia culinaria!**

1. El **Bungeoppang 붕어빵** ("pan de pescado") presenta una masa crujiente y dulce parecida a un gofre que tradicionalmente se rellena con una pasta dulce de judías rojas. *No se preocupe. No contiene pescado.*

2. El **Hotteok 호떡** es un dulce tipo tortita relleno de una mezcla dulce de azúcar moreno, canela y nueces picadas. La masa rellena se aplana y se cocina en una plancha hasta que queda crujiente por fuera, mientras que el relleno de azúcar se derrite y queda pegajoso por dentro.

3. El **Hoeori Gamja 회오리 감자** ("patata tornado") se prepara cogiendo una patata entera y enrollándola en espiral en un pincho, lo que crea una forma de espiral larga y continua parecida a un tornado. La patata se fríe hasta que queda crujiente y dorada.

4. El **Eomuk Kkochi 어묵꼬치** ("brocheta de pastel de pescado") se elaboran con una mezcla de pescado molido, harina y diversos condimentos. Son especialmente populares durante los fríos días de invierno en Corea"

Calle Noryangjin Cupbap
노량진 컵밥 거리
Dongjak-gu, Noryangjin-ro 178
동작구 노량진로 178

5 minutos a pie (0.19 miles / 314 m)
de la estación de **Noryangjin Salida nº8**
del metro Línea 1 or 9

BUSQUE DIRECCIONES

Pruebe Cupbap - "Comida en una taza", ¡una opción popular entre los estudiantes!

Dream High blog.naver.com/oliveras (CC BY-ND 2.0 KR)

Cupbap 컵밥 ("comida en una taza") se ha convertido en una opción popular entre **los estudiantes de *Gosichon* 고시촌** (pueblo de estudiantes que preparan oposiciones) debido a su asequibilidad. Sin embargo, a medida que se corrió la voz sobre su rentabilidad, el público en general empezó a visitarlo también, lo que dio lugar a una tendencia y a la aparición de calles dedicadas al Cupbap. Disfrute de una comida deliciosa y asequible en una taza.

¡Explore una variedad de cajas de comida disponibles en las tiendas de conveniencia!

Con un número cada vez mayor de jóvenes que viven solos, las **cajas de comida de las tiendas de conveniencia** están ganando popularidad. Estos productos asequibles ofrecen una calidad excelente, por lo que son una gran opción para probar. Cada cadena tiene productos diferentes, así que no te conformes con uno solo.

Comprar recuerdos

llévese un trozo de Corea a casa

Las animadas tiendas de recuerdos y mercadillos de Seúl ofrecen una increíble selección de souvenirs coreanos únicos y tradicionales. Desde artesanía tradicional a baratijas modernas, estas tiendas ofrecen algo para todos los gustos.

BUSQUE DIRECCIONES

Insadong Ssamzi Gil 인사동 쌈지길
Jongno-gu Insadong-gil 44
종로구 인사동길 44

5 minutos a pie (0.19 miles / 304 m) de la estación de **Anguk Salida nº6 del metro Línea 3**

Es un centro comercial muy popular entre los turistas que buscan **artesanía** y **arte tradicional coreano** con un toque moderno. Este singular edificio en espiral de 4 plantas alberga **más de 70 tiendas y galerías**. Los visitantes pueden explorar una amplia gama de artículos con diversos diseños inspirados en elementos tradicionales coreanos. La peculiar disposición del edificio, con las plantas interconectadas como un callejón (de ahí el nombre "gil", que significa "calle" en coreano), crea un ambiente encantador.

JH blog.naver.com/rei_sunshine (CC BY-ND 2.0 KR)

4 Moda, artículos varios, casas de té, etc.

3 Tiendas de moda, ropa y accesorios

2 Productos artísticos de diseño, alimentos, etc.

1 Artesanía tradicional, alimentación, etc.

B1 Estudios de artesanía, restaurantes, etc.

B2 El jardín de la bruja

¿Cuántos símbolos del edificio puede encontrar?

La letra "ㅆ" es una consonante del alfabeto coreano y es **el primer sonido de la palabra "Ssamzi"**. Por esta razón, es el logotipo del edificio. Mientras exploras el edificio, encontrarás esta letra colocada aleatoriamente en diferentes lugares. ¿Cuántas puedes encontrar?

¡Encuentre los icónicos tótems coreanos!

민트호수 blog.naver.com/snropro (CC BY 2.0 KR)

Al pasear por las tiendas, se topará con *Jangseung* 장승, que son **tótems coreanos**. Tradicionalmente, estas estructuras de madera se colocaban a las afueras de las aldeas para delimitarlas y ahuyentar a los malos espíritus. Busque los Jangseungs haciendo guardia en las tiendas, junto a versiones en miniatura que se han transformado en artículos de regalo.

¡Disfrute del arte y queme calorías al mismo tiempo!

Al subir las escaleras situadas a la izquierda de la entrada principal, las paredes están adornadas con una cautivadora **"Galería de la Escalera"**. Numerosos cuadros adornan el espacio, invitándole a detenerse y sumergirse en las creaciones de los artistas, ¡todo de forma gratuita!

Insadong Street 인사동 거리

Las calles que rodean el edificio Ssamzi-gil están llenas de tiendas de antigüedades y souvenirs y casas de té.

¡Descubra la belleza de las sonrisas grabadas en las máscaras tradicionales!

Tal Bang 탈방

Jongno-gu, Insadong-gil 48
종로구 인사동길 48

Todos los días 11 a.m. - 7 p.m.
CERRADO Domingo

gahoemuseum.org

Esta exclusiva boutique está especializada en **máscaras tradicionales coreanas** y ofrece una amplia gama de bellos productos, como grandes máscaras para las paredes y bonitas insignias de máscaras para realzar tus atuendos. Explora y experimenta la belleza y la artesanía de estas auténticas máscaras coreanas.

¡Realice el Desafío de la Dalgona Icónica!

¿Has visto **El Juego del Calamar**? Si es así, ¡probablemente conozcas el concepto! Busca una tienda que venda **caramelos de *dalgona*** 달고나 y rómpelos hábilmente en una forma predeterminada sin romper la pieza entera.

탈만돈이 blog.naver.com/sandaemas (CC BY 2.0 KR)

Se trata de una **tienda de sellos** única donde los clientes pueden crear sus **propios sellos exclusivos** para alguien especial, y se pueden personalizar con diferentes diseños y frases. También ponen a la venta productos de caligrafía.

Saegim Sori 새김소리
Jongno-gu, Insadong-gil 55-1 종로구 인사동길 55-1

BUSQUE DIRECCIONES

Lun - Sáb 10 a.m. - 6 p.m.
CERRADO Domingo

딸기맘양갱이
blog.naver.com/parkyang1021
(CC BY 2.0 KR)

추지 blog.naver.com/chu4246 (CC BY-SA 2.0 KR)

Guem Ok Dang 금옥당
Jongno-gu, Insadong-gil 49
종로구 인사동길 49

BUSQUE DIRECCIONES

Lun - Sáb 10:30 am - 8:30 pm

Esta es una tienda especializada en *yanggaeng* 양갱 (gelatina dulce de judías rojas), un postre/merienda que encanta a los coreanos. Se elabora preparando la pasta de alubias rojas directamente en un caldero con alubias rojas domésticas frescas. También es popular como set de regalo por su bonito envoltorio.

BUSQUE DIRECCIONES

Mercado de pulgas de Hwanghakdong 황학동 벼룩시장 Jung-gu Majang-ro 5-gil 11-7 중구 마장로5길 11-7
6 minutos a pie, (0.24 mi / 392 m) de la estación de **Sindang Salida nº11 del metro Línea 2 o 6**

Todos los días 10 a.m. - 6 p.m.

El mercado surgió a principios de la década de 1970, cuando los vendedores ambulantes empezaron a vender artículos usados y antigüedades en la zona. Con el tiempo, el mercado creció y se convirtió en un **centro para coleccionistas de antigüedades** y **buscadores de gangas**. Ganó popularidad por su variada gama de productos, como muebles antiguos, cerámica, obras de arte tradicionales coreanas, ropa de época y otros artículos únicos, lo que le valió el apodo de "**mercado de todo**". A los coleccionistas de antigüedades les encanta porque pueden encontrar objetos valiosos a precios más bajos si tienen suerte.

Las tiendas de antigüedades ofrecen una oportunidad apasionante de explorar el pasado y adentrarse en los estilos de vida de diversos países. **Busque un objeto que represente un aspecto pasado de la sociedad coreana**, algo que ya no sea relevante en la cultura coreana actual. ¿Quién sabe? Quizá sea usted quien descubra una joya oculta durante su búsqueda.

Hay muchos sitios donde puedes encontrar **ropa de alta calidad a precios increíblemente bajos**. Algunos lugares incluso ofrecen ropa vendida al peso, lo que significa que pagas en función del peso de los artículos que elijas. El valor que puedes conseguir en estos lugares es realmente imbatible.

GANGNAM STYLE
¡EXPLORE EL DISTRITO MÁS DE MODA DE COREA!

Sumérjase en la vibrante cultura de Gangnam, la zona **más moderna** y **de moda** de Seúl, a través de una serie de divertidas actividades y experiencias. Podrás ver y hacer de todo, desde probar las últimas tendencias en belleza coreana hasta deleitarte con la deliciosa cocina local.

MAPA DE LA PARTE BAJA DE SEÚL

Gangnam 강남, que significa "región al sur de Hangang", se asocia a menudo con la zona acomodada de Seúl formada por tres distritos, **Gangnam-gu 강남구**, **Seocho-gu 서초구** y **Songpa-gu 송파구**, y es conocida por los altos precios de sus viviendas y la concentración de personas adineradas. Gangnam es famoso por sus boutiques de lujo, grandes almacenes de alta gama y amplias infraestructuras. Poseer un apartamento en Gangnam se considera un símbolo de éxito, aunque la cultura pop coreana a veces presenta a sus habitantes como materialistas.

BUSQUE DIRECCIONES

① COEX 코엑스

Gangnam-gu Yeongdong-daero 513 강남구 영동대로 513
Conexión directa desde la estación de **Bongeunsa Salida n°7 del metro Línea 9**

COEX Convention 10 a.m. – 6 p.m.
Starfield COEX Mall 10:30 a.m. – 10 p.m.

COEX, abreviatura de "Convention and Exhibition", es un enorme complejo que incluye un centro de **convenciones y exposiciones**, un gran centro comercial subterráneo llamado Starfield COEX Mall, tres hoteles de lujo, un cine y un acuario. Es el mayor centro comercial subterráneo de Asia y ofrece todo lo necesario para el ocio y las compras.

Cuando la canción "Gangnam Style" se convirtió en una sensación mundial en 2012, todo el mundo cantaba y bailaba la pegadiza frase "¡Oppa Gangnam Style!" mientras hacía el famoso baile de la cabalgata. Para celebrar el éxito mundial del K-Pop, en la entrada del centro comercial Starfield se erigió una estatua que representa el icónico movimiento de baile, con las dos manos cruzadas. ¡Anímate y baila la cabalgata!

¡Descubra un cautivador refugio para los amantes de los libros!

헛똑똑 blog.naver.com/ysc5258 (CC BY 2.0 KR)

Starfield Library 별마당도서관, situada en el centro comercial COEX, es una biblioteca cautivadora y espaciosa conocida por su impresionante colección de libros. Cuenta con una imponente estantería de 13 metros de altura en un atrio de 2.800 metros cuadrados, que proporciona un cómodo entorno de lectura y estudio con iluminación ambiental. La biblioteca cuenta con una variada colección de unos 70.000 libros de distintos géneros e idiomas, además de revistas y libros electrónicos. Ofrece mesas de estudio con enchufes para ordenadores portátiles y organiza diversos actos culturales, como conferencias de autores, recitales de poesía y conciertos literarios.

② CALLE RODEO 로데오거리

Gangnam-gu Apgujeong-ro 46-gil 30 강남구 압구정로 46길 30
6 minutos a pie (0.28 mi / 453 m) de la estación de **Apgujeong Rodeo Salida nº5 del metro Línea Suin-Bundang**

BUSQUE DIRECCIONES

Sumérjase en la vibrante cultura juvenil de Gangnam

Originalmente un centro de moda y rebeldía a principios de los 90, este lugar atrajo a jóvenes que pretendían desafiar las normas más antiguas. Antaño sinónimo de coches opulentos y atuendos de alta gama, se ha transformado en símbolo de diversas subculturas juveniles y tendencias actuales. Marcas de lujo, centros de cuidado de la piel, cirugía plástica y peluquerías pueblan la zona. Junto a las delicias culinarias y las opciones de ocio, hay una gran variedad de establecimientos de restauración y cafeterías.

쵸묵쵸묵 어홍이 blog.naver.com/day265 (CC BY-SA 2.0 KR)

3

GRANDES ALMACENES GALLERIA 갤러리아백화점

Gangnam-gu Apgujeong-ro 343 강남구 압구정로 343
Conexión directa desde la estación de **Apgujeong Rodeo
Salida n°7 del metro Línea Suin-Bundang**

BUSQUE DIRECCIONES

Descubra el principal destino de compras de Seúl

Estos grandes almacenes, famosos por sus marcas exclusivas, su ropa de moda y sus selecciones de diseñadores, son un lugar de compras exclusivo y de renombre. Los compradores disfrutan de una experiencia lujosa y envolvente. El patio de comidas ofrece una gran variedad de deliciosos platos. Al caer la noche, la tienda adorna sus paredes exteriores con luces vibrantes, creando un espectáculo visual impresionante.

똘똘이양일상 blog.naver.com/woonga27 (CC BY-SA 2.0 KR)

GAROSU-GIL 가로수길

Gangnam-gu Apgujeong-ro 126 강남구 압구정로 126
12 minutos a pie (0.34 mi / 553 m) de la estación de **Apgujeong Salida n°5 del metro Línea 3**

BUSQUE DIRECCIONES

Visite el barrio más de moda de Seúl

El nombre de "avenida arbolada" procede de los 160 ginkgos que se alzan en línea recta a lo largo de la calle, y la zona se ha convertido últimamente en uno de los barrios más de moda de Seúl. Solía ser un centro de galerías y tiendas de diseñadores, pero la tendencia actual se centra en diversas tiendas de moda. Además, encontrará encantadores cafés y restaurantes para disfrutar por el camino.

꿈꾸는여행 도도 blog.naver.com/travelerdodo (CC BY-SA 2.0 KR)

¡Encuentra los árboles con bonitos jerséis!

Cuando los visites en invierno, verás algo muy bonito: ¡los árboles llevan diferentes jerséis para mantenerse calientes! Busca tu diseño favorito y haz una foto.

나나망고 blog.naver.com/televisiky
(CC BY-SA 2.0 KR)

CENTRAL CITY
센트럴시티

Seocho-gu, Shinbanpo-ro 176 서울 서초구 신반포로 176
Conexión directa desde la estación de **Express Bus Terminal**
Salida nºdel metro Línea 3 / 7 / 9

Famille Station (Restaurantes) 10 a.m. – 10 p.m.
Express Bus Terminal 5 a.m. – 1 a.m.
Grandes almacenes Shinsegae 10 a.m. – 8 p.m.
Megabox (Cine) 7 a.m. – 3 a.m.

BUSQUE
DIRECCIONES

Este megacomplejo ofrece una amplia gama de servicios, como el hotel JW Marriott, una terminal de autobuses exprés, las líneas de metro 3, 7 y 9, los grandes almacenes Shinsegae, el cine Megabox, una librería y la estación Famille, con su variedad de restaurantes. Al ser uno de los lugares más concurridos de Seúl, ofrece multitud de actividades y atracciones. No olvide explorar las tiendas subterráneas para encontrar gangas y descuentos.

Pectus Solentis via Wikimedia Commons (CC BY-SA 2.0)

BUSQUE
DIRECCIONES

Explore los grandes almacenes más concurridos de Corea.

Estos grandes almacenes no solo son grandes, con 11 plantas y muchas tiendas diferentes, sino que también fueron los primeros del mundo en ventas en 2021. Sin embargo, lo más destacado aquí es la fantástica comida que se puede encontrar en el patio de comidas y el mercado subterráneo, donde incluso se pueden comprar comestibles locales. Situado cerca de la Terminal de Autobuses Express, este lugar siempre está lleno de gente, lo que le dará una idea real del ambiente vibrante y animado de Seúl.

¡Visite el hermoso jardín de la azotea para disfrutar de un ambiente refrescante!

Vaya a la undécima planta de los grandes almacenes Shinsegae y visite el "S Garden", un jardín en la azotea donde podrá tomarse un tranquilo descanso rodeado de bonitas flores y césped. Es como un pequeño oasis en medio de la ciudad, perfecto para refrescar la mente cansada. En el jardín también se organizan exposiciones cada pocos meses, así que siempre hay algo nuevo que descubrir y disfrutar durante la visita.

안수지 blog.naver.com/suziesuzie (CC BY-SA 2.0 KR)

GOTO MALL 고투몰

Camina hacia la salida **8-1 / 8-2** de la estación de **Express Bus Terminal** del metro Línea **3 / 7 / 9**

Todos los días 10 a.m. - 10 p.m.

BUSQUE DIRECCIONES

Goto Mall 고투몰, situado bajo la terminal de autobuses Gangnam Express, es un gran centro comercial subterráneo con una variada selección de productos, como ropa, cosméticos, accesorios, decoración del hogar, artesanía y flores. Se puede comprar llueva o haga sol, y la conexión de metro del centro comercial hace que sea cómodo viajar a cualquier parte. Lo mejor es que puedes encontrar fantásticas ofertas a precios mucho más bajos que en los grandes almacenes.

탁가이버 blog.naver.com/tacgyber (CC BY-SA 2.0 KR)

BUSQUE DIRECCIONES

⑥ KAKAO FRIENDS 카카오프렌즈

Seocho-gu Gangnam-daero 429 서초구 강남대로 429

2 minutos a pie (0.07 mi / 120 m) de la estación de **Gangnam** Salida nº10 del metro Línea 2

Todos los días 10:30 am - 10 pm

프리한자유 blog.naver.com/ijj0324 (CC BY-SA 2.0 KR)

KakaoTalk es una popular aplicación de chat que prácticamente todo el mundo utiliza en Corea, en parte por sus adorables personajes. Esta tienda ofrece la oportunidad de interactuar con estos simpáticos personajes y comprar recuerdos. Es una visita obligada para los entusiastas de KakaoTalk, y también merece la pena explorar la cafetería de la azotea de la tienda por sus impresionantes vistas".

BUSQUE DIRECCIONES

⑦ GANGNAM SAMSUNG 강남 삼성

Seocho-gu Gangnam-daero 411 서초구 강남대로 411

1 minutos a pie (0.03 mi / 50 m) de la estación de **Gangnam** Salida nº10 del metro Línea 2

Mon – Sat 11 am – 9 pm / Dom 11 am – 7 pm

Descubra la emoción de esta tienda insignia recientemente inaugurada. Adéntrese en la rica historia de Samsung y explore las innovaciones más vanguardistas en cuatro atractivos niveles. Participe en juegos interactivos, explore diversos productos, capture momentos en los "puntos fotográficos" y relájese en el acogedor salón. Disfrute de estaciones de carga de teléfonos gratuitas, especialmente útiles para los viajeros. Para disfrutar de la mejor experiencia, comience en la 4ª planta y vaya bajando.

푸뉘 blog.naver.com/musicits (CC BY-ND 2.0 KR)

TORRE LOTTE WORLD

Songpa-gu Ollimpik-ro 300 송파구 올림픽로 300
2 mia pie (0.05 mi / 80 m) de la estación de **Jamsil Salida nº2 del metro Línea 2 & 8** También conectado directamente a través de un camino subterráneo. Busque el letrero "**Seoul Sky Observation Deck**".

Lun – Sáb 11 am – 9 pm / Dom 11 am – 7 pm

BUSQUE DIRECCIONES

lwt.co.kr

Se trata de un rascacielos emblemático y un símbolo de modernidad e innovación. Con 555 metros de altura, es uno de los edificios más altos del mundo. Esta obra maestra de la arquitectura alberga una mezcla de espacios comerciales, residenciales y de ocio. Desde su plataforma de observación en los pisos superiores, los visitantes pueden disfrutar de impresionantes vistas panorámicas de la ciudad. Ofrece una cautivadora mezcla de lujo, compras, gastronomía y experiencias culturales, lo que lo convierte en un destino de visita obligada para locales y turistas.

¡Conviértase en la persona más alta de Corea en la Cubierta del Observatorio Sky!

La Cubierta del Observatorio Sky de la Torre Lotte World es una atracción irresistible con numerosos atractivos. Ofrece vistas panorámicas de los monumentos de Seúl y Hangang. El SkyWalk, con fondo de cristal, aporta emoción y complementa la proeza arquitectónica de la torre. Entre pantallas multimedia, los visitantes pueden captar la mezcla de tradición y modernidad de Seúl. Por la noche, el paisaje urbano se transforma de forma cautivadora. La cubierta ofrece la oportunidad de disfrutar de momentos entrañables y de comprometerse a fondo con la vitalidad de Seúl.

seoulsky.lotteworld.com

Este encantador lugar cuenta con dos lagos artificiales, Seo-ho (lago oeste) y Dong-ho (lago este). Seo-ho alberga la encantadora "Isla Mágica" de Lotte World, mientras que Dong-ho ofrece pintorescas rutas de senderismo y footing a lo largo de sus orillas. En 2014, acogió la célebre escultura "Rubber Duck" de Florentijn Hofman. Convenientemente situado cerca del complejo Lotte, este tranquilo parque proporciona una serena escapada. Es especialmente apreciado por sus cerezos en flor en abril y mayo.

¡Pasee por el lago Seokchon!

Songpa-gu Ollimpik-ro 424 송파구 올림픽로 424
La estación de Mongchontoseong Salida n°1 del metro Línea 8

Silas Low Wikimedia Commons (CC BY-SA 4.0)

Construido inicialmente para los Juegos Olímpicos de Seúl de 1988, este extenso parque de 408 acres simboliza el avance moderno de Corea. Abarca estadios deportivos, bosques y zonas verdes. El parque está dividido en secciones para deportes recreativos, actividades culturales, zonas ecológicas y encuentros históricos. Dado su tamaño, se necesitan más de tres horas para explorarlo por completo, por lo que es aconsejable consultar el mapa del parque de antemano.

¡Encuentre su bandera nacional en la Plaza de las Banderas!

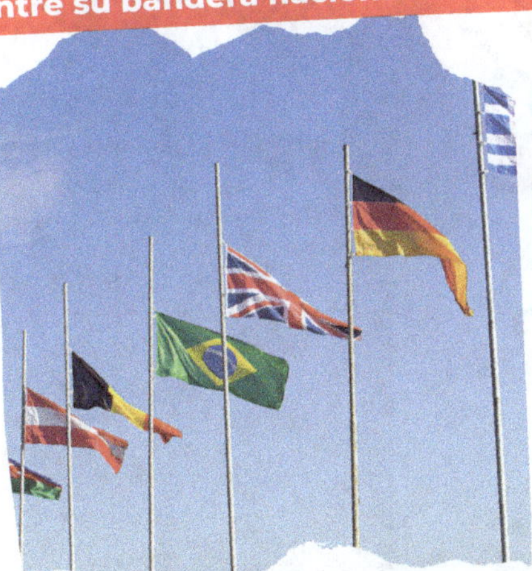

El Parque Olímpico de Seúl cuenta con la Plaza de las Banderas, en la que se exhiben las banderas de los 200 países que participaron en los Juegos Olímpicos de Verano de Seúl 1988. Busca la bandera de tu país y hazte una foto.

Visite las obras de artistas de renombre mundial.

La escultura del dedo es una obra de bronce creada por Cesar Baldaccini, renombrado escultor francés, para conmemorar la candidatura de Seúl a los Juegos Olímpicos. Baldaccini realizó esta escultura en 1988. Es la única colección del mundo de siete grandes esculturas de pulgares, que simbolizan el poder de la unidad y el logro.

La escultura "Esfera virtual", situada en la Plaza de las Rosas, es una obra monumental creada por el pintor y escultor venezolano Soto en honor de Corea, país anfitrión de los Juegos Olímpicos de 1988. Tiene la forma de un objeto redondo hecho de tubos de aluminio rojos y azules, con el motivo taegeuk 태극 de la bandera coreana. Su exquisita belleza puede apreciarse desde todos los ángulos, asemejándose a las olas.

이형영 blog.naver.com/robot179 (CC BY-SA 2.0 KR)

K-POP AVENTURA

¡Un viaje al mundo de la música pop coreana!

Emprenda un viaje a través de la escena musical coreana, donde conocerá de cerca la industria que ha arrasado en todo el mundo. Visite empresas de entretenimiento de K-Pop, siga los pasos de las estrellas de K-Pop, hágase fotos con las icónicas estatuas de osos de K-Pop e incluso aprenda algunos pasos de baile para experimentar lo que es ser un ídolo de K-Pop.

BUSQUE DIRECCIONES

¡Embarque en una peregrinación a los 4 gigantes del entretenimiento K-Pop!

1 **YG Entertainment** Mapo-gu, Hapjeong-dong 397-6 마포구 합정동 397-6
10 minutos a pie (0.31 miles / 510 m) de la estación de **Hapjeong Salida nº8 del metro Línea 2 & 6**

Conocida por sus famosos artistas y grupos como **BIGBANG**, **BLACKPINK** y **Winner**, YG inauguró su recién terminado edificio de oficinas en 2020. Las amplias instalaciones cuentan con impresionantes características, como un auditorio de dos plantas, siete grandes salas de ensayo de baile, siete estudios de grabación y 30 estudios de música privados para compositores y artistas exclusivos. Aunque la **entrada más allá de la puerta de seguridad está restringida**, el diseño futurista del edificio dice mucho de la creatividad artística que se nutre entre sus paredes.

¡Relájate y descansa en un café para fans de YG!

the SameE 더세임카페 Mapo-gu, Hapjeong-dong 398- 마포구 합정동 398-21

Todos los días 10 a.m. - 9 p.m.

또져미 blog.naver.com/dlthwjd1224 (CC BY-ND 2.0 KR)

Frente a la sede de YG, de reciente construcción, se encuentra una vibrante cafetería llamada "the SameE". Las plantas primera y segunda están dedicadas a **acogedoras cafeterías**, mientras que la planta sótano, B1, alberga **tiendas de productos de los artistas de YG**. Además, si tienes suerte, es posible que veas **a los artistas de YG visitando el edificio de la sede**.

2 **HYBE 하이브** Yongsan-gu, Hangang-daero 42 용산구 한강대로 42
10 minutos a pie (0.32 miles / 530 m) de la estación de **Sinyongsan Salida nº2 del metro Línea 4**

La nueva sede de HYBE es un cautivador centro de producción musical y creación de contenidos, que sirve de espacio central para los fans de artistas como **BTS, NewJeans** y **ENHYPEN. HYBE Insight**, su anterior centro auxiliar que ofrecía exposiciones y artículos de merchandising, ha dejado de existir, pero ahora organiza eventos en varios lugares para ofrecer a los fans experiencias únicas relacionadas con sus artistas y su música. **Esté atento a los anuncios de HYBE para conocer los próximos eventos pop-up y locales. La entrada más allá de la puerta de seguridad está restringida.**

hybeinsight.com

수정다운 blog.naver.com/s99275 (CC BY-ND 2.0 KR)

3 **SM Entertainment** Seongdong-gu, Wangshimni-ro 83-21 성동구 왕십리로 83-21
3 minutos a pie (0.03 miles / 58 m) de la estación de **Seoul Forest Salida nº5 del metro Línea Suinbundang**

El nuevo edificio de la sede central de SM Entertainment se encuentra en la Torre D. Si la suerte está de tu lado, tendrás la oportunidad de encontrarte con famosos de SM como **BoA, Super Junior, SHINee, Red Velvet**, y **Aespa**. Aunque no vea a ningún famoso, el barrio sigue siendo un lugar encantador para pasear, sacar fotos memorables y conectar con otros entusiastas del K-Pop que comparten la misma pasión. **La entrada más allá de la puerta de seguridad está restringida.**

KWANGYA Seoul 광야 서울 (B1 del edificio de SM Entertainment)
Todos los días 10:30 am - 8 pm

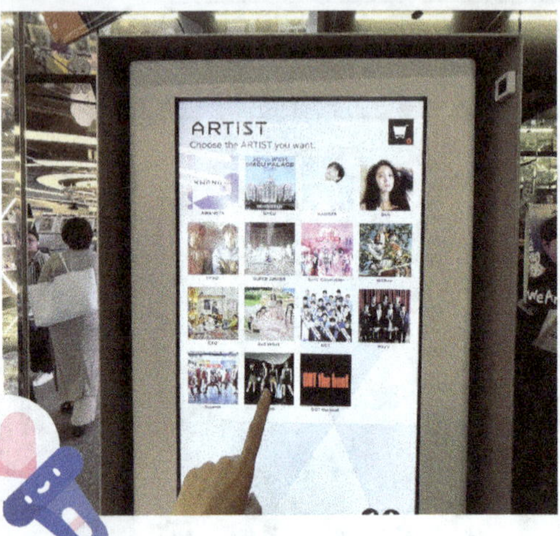

KWANGYA es un establecimiento único gestionado por SM Entertainment, que ofrece no sólo álbumes y mercancía de sus artistas, sino también una **conexión con el metaverso**. Dentro del **espacio de exposición**, al escanear un código QR se accede a un programa docente que mejora la experiencia del visitante. Además, una zona que utiliza LED transparentes crea un cautivador **ambiente tridimensional**, simulando una sala de conciertos con una gama de imágenes vívidas. Con su meticuloso diseño y sus características envolventes, es un **destino de visita obligada para** los fans internacionales del K-Pop.

1 Million Dance Studio 원밀리언 댄스 스튜디오
Seongdong-gu, Seongsu-dong 2-ga 322-2 성동구 성수동2가 322-2

1MILLION Dance Studio acoge a estudiantes de todos los orígenes y edades, **independientemente de su experiencia**. Sus instalaciones albergan dos estudios totalmente equipados, y el personal es bilingüe en inglés y coreano. Aquí tendrás la oportunidad de explorar tu potencial creativo y **dominar algunos de los movimientos de baile icónicos del K-Pop**. Para reservar una clase presencial, visite su sitio web.

4 **JYP Entertainment** Gangdong-gu, Gangdong-daero 205 강동구 강동대로 205
15 minutos a pie (0.62 miles / 1 km) de la estación de **Dunchon Oryun Salida nº1** del metro Línea 9

En 2018, JYP Entertainment se trasladó de su anterior edificio de oficinas en Cheongdam-dong a una nueva sede cerca del Parque Olímpico. La nueva sede ofrece diversas comodidades, como **salas de ensayo**, **estudios de grabación y una cafetería ecológica**, lo que impresiona a los fans del K-Pop y pone de relieve el compromiso de JYP Entertainment de ofrecer instalaciones de máxima calidad a sus artistas y personal. **La entrada más allá de la puerta de seguridad está restringida.**

¡Sigue los pasos de tus estrellas de K-Pop favoritas!

5 **K-Pop Square Media** Gangnam-gu Yeongdong-daero 513 강남구 영동대로 513
Samseong Salida nº6 del metro Línea 2

Experimente el sobrecogedor espectáculo de un recinto adornado con una **enorme pantalla**, cuatro veces mayor que una cancha de baloncesto, que emite una serie de **vídeos cautivadores**. Este extraordinario espacio no sólo exhibe dinámicos anuncios tridimensionales, sino también vídeos musicales de queridos ídolos del K-Pop. Se pueden **tomar fotos memorables**, mientras se espera con impaciencia la aparición de sus artistas favoritos en la pantalla. Es un entorno envolvente que combina a la perfección **arte multimedia, entretenimiento** y una atmósfera acogedora para que todos disfruten.

6 **K-Star Road** 케이스타로드
Gangnam-gu, Apgujeong-ro 507-gil ←→ Gangnam-gu, Dosan-daero 101-gil 6
강남구 압구정로 507길 ←→ 강남구 도산대로 101길 6
18 minutos a pie (0.74 miles / 1.2 km) de la estación de **Apgujeong Rodeo Salida nº2 del metro Línea Suinbundang**

Gangnam, conocida por el "Gangnam Style" de Psy, es donde se originó la cultura K-Pop. Es una zona de moda en Corea, sede de más de la mitad de las agencias de espectáculos del país y cuna de muchas estrellas del K-Pop. Aquí se encuentra **K-Star Road**, una **calle creada para celebrar esta cultura**. Cuenta con **18 estatuas en forma de oso** llamadas **Gangnam Dols**, que representan a populares estrellas del K-Pop.

GANGNAMDOL	2PM	MISSA	BTS	GIRLS GENERATION	INFINITE
4MINUTE	FT ISLAND	CNBLUE	EXO	B1A4	KARA
SUPER JUNIOR	SHINee	TVXQ	AOA	VIXX	BLOCK B

(7) **Star Avenue Myeongdong 스타에비뉴 명동본점** Jung-gu, Eulji-ro 30, Lotte Department Store 1F
Entre metro línea 2 Euljiro 1-ga Salida nº7, 8 y Lotte Hotel
중구 을지로 30 롯데백화점 명동본점 1층 (롯데백화점 / 롯데호텔 사이)

Todos los días 9 a.m. - 6:30 p.m.

¡Conoce a las estrellas del K-Pop recreadas digitalmente!

BUSQUE DIRECCIONES

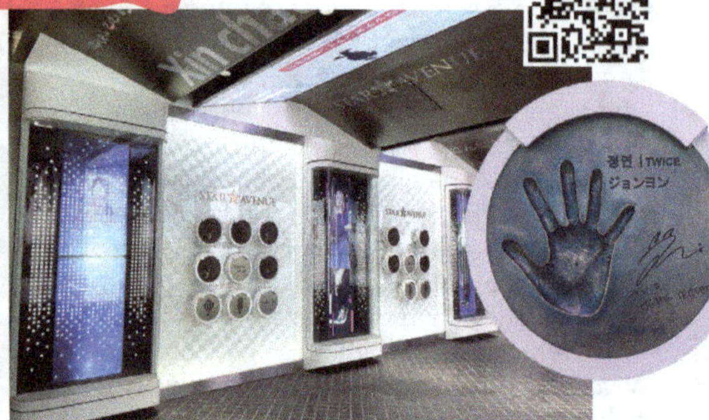

En este espacio recién renovado, podrá conocer a las **estrellas del K-Pop recreadas digitalmente**. Pasea por Star Track, un túnel mediático a gran escala, Star Mirror Zone, una zona de espejos para hacerte selfies con tus famosos favoritos, y Hi-Five Zone, con impresiones a mano de populares estrellas del K-POP.

¡Consigue la mercancía de tu ídolo favorito en esta tienda especializada!

BUSQUE DIRECCIONES

MUSIC ART 뮤직아트
Jung-gu, Namdaemun-ro 67, B1 중구 남대문로 67 지하1층

Todos los días 10:30 a.m. - 8 p.m.

Se trata del **destino definitivo para los artículos de K-Pop**, con **exposiciones** a pequeña escala y diversos **eventos** como tiendas pop-up y actuaciones en directo. La tienda también ofrece artículos exclusivos, como álbumes de fotos de los vídeos musicales entre bastidores. Es un lugar de visita obligada para que los fans del K-Pop conecten con sus artistas favoritos y descubran productos únicos relacionados con su música.

TRAGEDIAS Y TRIUNFOS

EXPLORAR LA HISTORIA DE COREA A TRAVÉS DE LOS MUSEOS

Descubra los **asombrosos logros del pasado** y conozca la **historia moderna** de Corea y las luchas a las que se enfrentó la nación. Escuchará tanto historias trágicas como historias de victoria que le dejarán inspirado y conectado con el espíritu del pueblo coreano. Embárquese en este viaje inolvidable y celebre el brillo del pasado y mire hacia el futuro.

Conozca la historia de una Corea dividida para comprenderla en su totalidad.

1 | **National Cemetery 국립 서울 현충원** Dongjak-gu Hyeonchung-ro 210 동작구 현충로 210
1 minuto a pie (0.03 mi / 62 m) de la estación de **Dongjak nº8 del metro Línea 4 & 9**

BUSQUE DIRECCIONES

Este lugar guarda los restos de más de **54.000 patriotas mártire**s, entre soldados, policías, ciudadanos meritorios y figuras clave del gobierno provisional. También **conmemora a los 104.000 soldados que murieron durante la Guerra de Corea**, muchos de cuyos cuerpos aún no han sido encontrados. Sin embargo, se han descubierto los restos de unos 7.000 soldados desconocidos. Todos los años, el 6 de junio, Día de los Caídos, el cementerio celebra servicios conmemorativos y actos en honor a estos valientes. El cementerio, bien conservado, ofrece un paisaje **impresionante** y sirve tanto de destino histórico informativo como de encantador lugar para pasear tranquilamente, un conmovedor recordatorio de que la libertad tiene un precio.

Al pasear por el cementerio, encontrará una **sección especial dedicada a los soldados desconocidos**, aquellas almas valientes cuyos cuerpos nunca se encontraron o quedaron sin identificar. Deténgase un momento y rinda homenaje al espíritu inquebrantable de estos patriotas que sacrificaron desinteresadamente sus vidas por su país.

② **Monumento a la Guerra 전쟁기념관** Yongsan-gu, Itaewon-ro 29 용산구 이태원로 29
4 minutos a pie (0.17 mi / 262 m) de la estación de **Samgakji Salida nº12 del metro Línea 4 & 6**

Todos los días 9:30 a.m. - 6 p.m. CERRADO Lunes (si una fiesta nacional cae en lunes, se cierra al día siguiente)

BUSQUE DIRECCIONES

El Museo Conmemorativo de la Guerra fue construido en 1994 por la Sociedad del Servicio Conmemorativo de la Guerra de Corea para honrar a los héroes que sacrificaron sus vidas en la Guerra de Corea. Este museo es enorme y alberga **más de 33.000** artefactos, unos 10.000 de ellos expuestos en **cinco salas interiores y exteriores.**Las exposiciones del museo muestran la parte más trágica e importante de la historia coreana, pero también son asombrosas y bien pensadas. Le asombrará ver **cómo se transformó Corea durante esa época**. Es un lugar de visita obligada.

www.warmemo.or.kr

Al entrar en el monumento, uno se da cuenta de que va más allá de recordar las guerras modernas en Corea. Entre los objetos expuestos hay una maqueta meticulosamente elaborada del ***geobukseon* 거북선**, el legendario "BarcoTortuga". Este impresionante navío, inventado por el **almirante Yi Sun-sin** durante la dinastía Joseon, desempeñó un papel fundamental en la derrota de la armada japonesa durante la Guerra de Imjin, a finales del siglo XVI. Tómese un momento para examinar de cerca este innovador navío e imaginar cómo debió de ser luchar a bordo de una embarcación tan histórica y formidable.

3 **Museo Nacional de Corea 국립중앙박물관** Yongsan-gu, Seobinggo-ro 137 용산구 서빙고로 137
3 minutos a pie (0.19 mi / 308 m) de la estación de **Ichon Salida nº2 del metro Línea 4**
Lu/Ma/Ju/Vi/Do - 10 a.m. - 6 p.m. (la última entrada 5:30 p.m.) Mi/Sá - 10 a.m. - 9 p.m. (la última entrada 8:30 p.m.)

BUSQUE
DIRECCIONES

El Museo Nacional de Corea es un apreciado tesoro que alberga la esencia de la historia y la cultura coreanas. Cuenta con una impresionante colección de **420.000 objetos** que abarcan miles de años, desde antiguas hachas de mano hasta coloridas coronas de oro, cerámica celadón, pinturas históricas y fotografías modernas. El museo también ofrece **vídeos realistas y experiencias de realidad virtual** para hacer la visita aún más emocionante.

www.museum.go.kr

Ofrezca a los niños una experiencia única de realidad virtual.

Para los que tienen **niños**, una visita obligada en el museo es la **Galería Digital Inmersiva 2**. Para disfrutar de esta experiencia de RV, **tendrá que reservar con antelación**. Las sesiones de RV se realizan 12 veces al día (16 veces los miércoles y sábados), con una duración de 30 minutos cada una, de 10:30 a 17:00. Debido a la gran demanda, las reservas se llenan rápidamente, especialmente durante los periodos vacacionales. Si tiene pensado visitarnos, asegúrese de consultar la página de reservas para conocer las fechas y horas disponibles. A veces, puede haber de 1 a 3 plazas vacías, lo que ofrece la posibilidad de hacer reservas de última hora.

Encuentra un tesoro favorito de cada una de las diferentes dinastías y reinos.

En Corea hubo varias dinastías y reinos a lo largo de su historia. Pasea por el museo y elige tu artefacto favorito de cada dinastía y reino. Compáralo con el de tus amigos.

4

Sala de Historia de la Prisión de Seodaemun 서대문 형무소 Seodaemun-gu, Tongil-ro 251 서대문구 통일로 251
6 minutos a pie (0.16 mi / 250 m) de la estación de **Dongnimmin Salida nº5 del metro Línea 3**

Todos los días Mar - Oct 9:30 a.m. - 6 p.m. Nov - Feb 9:30 a.m. - 5 p.m. CERRADO Lunes
(si una fiesta nacional cae en lunes, se cierra al día siguiente)

BUSQUE
DIRECCIONES

www.sscmc.or.kr

Erigido durante los últimos años del Imperio coreano bajo la influencia japonesa, es un testimonio de los años de **penurias y angustia nacional en la historia moderna y contemporánea de Corea**. Notablemente, sirve como símbolo conmovedor del movimiento independentista antijaponés, reflejando el espíritu indomable de los que lucharon contra la opresión japonesa. Conservando su forma original, guarda el recuerdo de innumerables patriotas que resistieron valientemente la agresión japonesa. Visitar este lugar histórico permite rendir tributo a los sacrificios de estos patriotas coreanos e inspirarse para seguir sus pasos.

Vea estas películas antes de visitar el país para conocer todos los detalles.

Antes de visitarlo, es muy recomendable ver varias películas y series de televisión excelentes que retratan vívidamente la ocupación japonesa de Corea y el movimiento independentista coreano. Estas películas ofrecen un valioso contexto y una visión de la importancia histórica del lugar. He aquí algunas de las más aclamadas:

"The Age of Shadows" (2016)
"Assassination" (2015)
"Mr. Sunshine" (2018)

Encontrar la paz en Seúl

Adéntrese en el corazón del tapiz espiritual de Corea visitando venerados templos budistas, iglesias históricas y grandes mezquitas. Sumérjase en paisajes tranquilos, abrace reflexiones profundas y encuentre la paz interior en medio de la diversidad cultural.

1 **Templo Jogyesa 조계사** Jongno-gu Ujeongguk-ro 55 종로구 우정국로 55
7 minutos a pie (0.31 mi / 508 m) de la estación de **Jonggak Salida nº2 del metro Línea 1**

BUSQUE DIRECCIONES

Explore la serenidad de un templo budista

El templo Jogyesa, corazón del budismo coreano, debe su nombre a la montaña Jogyesan, donde residió el maestro Hyeneung. El **Buda sentado**, un tesoro cultural, adorna el recinto del templo. Los **visitantes son recibidos calurosamente las 24 horas del día en la sala principal**. En **primavera**, asista al fascinante espectáculo de las innumerables **linternas de loto** que iluminan el templo, creando un espectáculo encantador que no debe perderse, tanto de día como de noche.

Asista al encantador desfile de farolillos.

No hay que perderse el vibrante **Festival de los Faroles**, cerca del templo Jogyesa y las calles Jongno, que celebra el cumpleaños de Buda (el 4 de abril, la fecha cambia cada año porque se basa en el calendario lunar). El festival, un espectáculo encantador tanto para los lugareños como para los turistas extranjeros, presenta varios **eventos y desfiles** con farolillos de colores que adornan la ciudad. Más de 100.000 farolillos iluminan las principales calles de la capital, culminando con el Desfile de los Farolillos de Loto en Jogyesa. Sumérjase en el espíritu festivo mientras celebra el cumpleaños de Buda en el Festival de los Faroles de Loto, en la **zona de Insadong**, complementado con una visita a este venerado templo.

2 **Santuario Real de Jongmy 종묘** Jongno-gu Hunjeong-dong 1 종로구 훈정동 1

3 minutos a pie (0.19 mi / 299 m) de la estación de **Jongno 3(sam)-ga Salida nº11 del metro Línea 1 & 3 & 5**

ROYAL PALACE PASS

**Los horarios cambian según la temporada. Consulte la página de inicio antes de visitarnos.*

Experimente el venerado legado de la herencia y los rituales coreanos

Es un **digno santuario confuciano**, dedicado a los reyes, reinas y descendientes de la dinastía Joseon. Rodeado de naturaleza, cuenta con salas y anexos de preparación ritual. La sencillez del santuario y su sobria decoración crean una atmósfera solemne para honrar a los espíritus ancestrales. Los rituales tienen un gran significado cultural, reconocido por **la UNESCO como "Obras Maestras del Patrimonio Oral e Inmaterial de la Humanidad"** desde 2001 y catalogado como parte del **Patrimonio Cultural Inmaterial de la Humanidad desde 2008**.

BUSQUE DIRECCIONES

Haga una visita guiada para profundizar sus conocimiento

El santuario ofrece v**isitas guiadas** en **coreano**, **inglés**, **japonés** y **chino** los días laborables, de aproximadamente una hora de duración cada una. Las visitas guiadas en idiomas extranjeros se ofrecen exclusivamente a extranjeros y coreanos acompañantes. Consulte la página web para más detalles.

Catedral Católica de Myeongdong 명동 성당 Jung-gu, Myeongdong-gil 74 중구 명동길 74
9 minutos a pie (0.26 mi / 427 m) de la estación de **Myeongdong Salida n°10 del metro Línea 4**

Visite la cuna del catolicismo romano en Corea

La cuna de la comunidad de la Iglesia Católica Romana en Corea ofrece una oportunidad única de adentrarse en la rica historia religiosa y arquitectónica del país. El impresionante edificio principal de 23 m de altura y el campanario de 45 m, construidos con una variedad de ladrillos rojos y grises cocidos localmente, muestran la **mezcla de influencias arquitectónicas coreanas y occidentales**. La asociación de la iglesia con el emperador Gojong y el apoyo financiero de la Sociedad de Misiones Extranjeras de París se suman a su importancia cultural, convirtiéndola en un destino obligado tanto para los entusiastas de la historia como para los amantes de la arquitectura.

¡Asista a una misa en inglés el domingo!

mdsd.or.kr

Tanto si es católico como si no, asistir a misa en esta histórica iglesia es una experiencia única. Hay misa en **inglés** todos los domingos a las 9 de la mañana.

Mezquita Central de Seúl 이슬람교 서울 중앙성원 Yongsan-gu, Usadan-ro 10-gil 39 용산구 우사단로 10길 39
10 minutos a pie (0.30 mi / 477 m) de la estación de **Itaewon Salida n°10 del metro Línea 4**

koreaislam.org

Visite la cuna del Islam en Corea

La mezquita se creó con el doble propósito de servir como **lugar de culto** para los musulmanes de Corea y como **centro educativo** para promover la comprensión del islam y las culturas islámicas entre el público en general. En el interior de la mezquita, en la primera planta, se encuentra la oficina de la Federación Musulmana de Corea y una sala de reuniones. La musalla (sala de oración) masculina está en la segunda planta, y la femenina, en la tercera. **Tanto los fieles como los visitantes son bienvenidos a la mezquita.**

¡Explore los manjares halal en torno a la Mezquita!

Alrededor de la mezquita hay **restaurantes que ofrecen cocina de varios países islámicos**. Se pueden degustar deliciosos platos halal, como kebabs, shawarma y delicias turcas, que dan la sensación de viajar a diferentes naciones sin salir del mismo país.

5 **Santuario de los Mártires de Jeoldusan 절두산 성지** Mapo-gu, Tojeong-ro 6 마포구 토정로 6
7 minutos a pie (0.30 mi / 482 m) de la estación de **Hapjeong Salida nº7 del metro Línea 2 & 6**

Todos los días 9:30 a.m. - 5 p.m. Closed on Monday

¡Explore el lugar del martirio y la fe!

jeoldusan.or.kr

Conocido como la **Montaña de la Decapitación**, este lugar fue testigo de una trágica persecución en 1866, en la que **perdieron la vida** hasta **2.000 católicos coreanos**, 27 de los cuales han sido hechos santos. En el museo que hay junto a la capilla se exponen algunos de los equipos de tortura de la época. Visitada por **el Papa Juan Pablo II en 1984** y por la **Madre Teresa en 1985**, sigue siendo un lugar inspirador para todos.
Los domingos son el mejor momento para visitarlo, ya que se celebran muchas reuniones de oración en el recinto.

BUSQUE DIRECCIONES

Michael Gallagher
flickr.com/michaelgallagher
(CC BY-SA 2.0)

¡Ofrece una vela de oración y pide un deseo!

El santuario cuenta con una sección dedicada a **ofrecer velas de oración**. Encienda una vela y pida un deseo de corazón para sus seres queridos.

6 **Templo de Bongeunsa 봉은사** Gangnam-gu Bongeunsa-ro 531 서울 강남구 봉은사로 531
1 minutos a pie (0.08 mi / 135 m) de la estación de **Bongeunsa Salida nº1 del metro Línea 9**

Todos los días 5 a.m. - 10 p.m.

¡Sienta la tranquilidad intemporal entre rascacielos!

Este templo de 1.200 años se construyó en 794 durante el reino de Silla. A pesar de sobrevivir a la supresión del budismo por la Dinastía Joseon, más tarde se convirtió en **el templo principal de la secta coreana Seon (Zen)** desde 1551 hasta 1936. En medio de modernos rascacielos, este tranquilo templo ofrece un contraste verdaderamente inspirador en Corea.

¡Explore la antigua cultura budista!

BUSQUE DIRECCIONES

bongeunsa.org

En el templo le espera una gran variedad de actividades, incluido el "**Programa de estancia en el templo**", de 2 días de duración, que ofrece una experiencia monástica de inmersión. Disfrute de **visitas guiadas al templo, fabricación de linternas de loto, meditación, Dado (ceremonia para beber té), fabricación de mandalas de sal, copia de sutra, 108 postraciones y conversaciones con monjes**, todo ello en **inglés**. Para obtener la información más reciente, visite la página web.

AVENTURAS EN SEÚL

Actividades familiares y románticas para todos los gustos

Tanto si se trata de una familia que busca estrechar lazos como de una pareja en busca de momentos románticos, en Seúl abundan las emociones y las experiencias inolvidables para todos. La ciudad promete una deliciosa mezcla de aventuras familiares e íntimas que sin duda crearán recuerdos inolvidables.

BUSQUE DIRECCIONES

1 **Namsan Seoul Tower 남산 서울타워** Jung-gu, Sopa-ro 83 서울 중구 소파로 83
13 minutos a pie (0.31 mi / 508 m) de la estación de **Myeongdong Salida nº3 del metro Línea 4**

Todos los días 10 a.m. - 11 p.m.

Visite la "isla romántica" de Seúl 

En lo alto de la montaña Namsan (236,7 m), esta magnífica torre se ha ganado el título de "**Isla Romántica**" de Seúl en el corazón de la ciudad. Conocida por su eterno encanto, ofrece una **impresionante vista panorámica de Seúl**. Símbolo de la propia ciudad, esta torre ostenta el prestigioso título de ser la **principal atracción turística elegida por los extranjeros** y es venerada como un "**lugar sagrado**" **para las parejas**, que acuden a deleitarse con el aura del amor eterno.

¡Visite el segundo retrete más alto de Seúl! 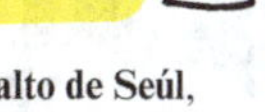

No pierda la oportunidad de visitar el **segundo retrete más alto de Seúl**, situado en la segunda planta del observatorio. *El más alto está en la Lotte World Tower.*

Bajo la entrada de la Torre, una conmovedora tradición espera a los visitantes, invitándoles a **expresar su amor atando un candado a un árbol o valla**. Tanto si decides traer tu propio candado como si buscas uno en una tienda cercana, este conmovedor gesto permite a las parejas simbolizar su afecto de una forma entrañable. Incluso para quienes no tienen pareja, el árbol del candado del amor ofrece la oportunidad de **reflexionar sobre el amor compartido con la familia**.

Instituto de Investigación e Información Educativa de Seúl 서울특별시교육청 교육연구정보원
Jung-gu, Sopa-ro 46 중구 소파로 46

Una **ruta alternativa** para llegar a la Torre Namsan es por las **escaleras situadas cerca del Centro de Información sobre Investigación Educativa de Seúl**. Suba la alta escalinata, famosa por ser el lugar de rodaje de "Me llamo Kim Sam-soon", y siga el camino para subir la montaña Namsan hacia la Torre N. Como emocionante guiño a los personajes de la serie, pruebe a jugar a piedra, papel o tijera para determinar su destino al igual que ellos.

BUSQUE DIRECCIONES

컬러램프지니
blog.naver.com/khjw0515
(CC BY-SA-KR 2.0)

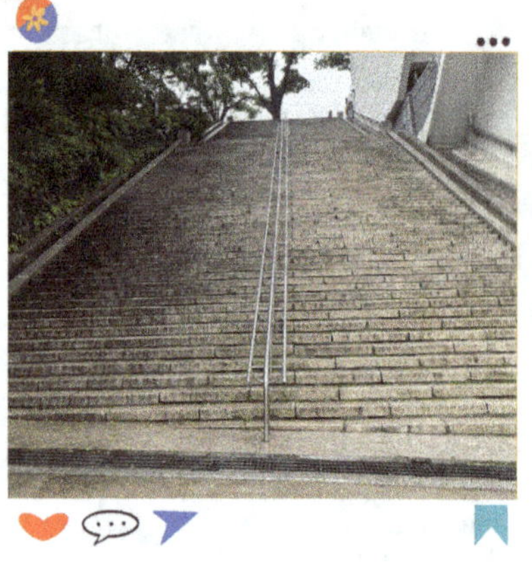

2 **Itaewon World Food Street 이태원 세계음식거리**
Camine por el callejón al lado del **Hamilton Hotel** y encontrará calles a ambos lados llenas de restaurantes y bares. **Itaewon Salida nº1 or #4 del metro Línea 6**

BUSQUE DIRECCIONES

Itaewon es el **lugar más diverso de Corea**, un barrio global donde conviven gentes de todo el mundo. Esta zona distinta, **mezcla de diferentes culturas**, es apreciada no sólo por los turistas extranjeros, sino también por los coreanos que desean **experimentar la cultura internacional dentro de Corea**. Itaewon, con su contraste de culturas diurnas y nocturnas, ofrece un **ambiente único como ningún otro lugar de Seúl**.

Pruebe restaurantes exóticos no coreanos

Itaewon World Food Street presenta **una gama de cocinas internacionales**, en ocasiones adaptadas a las preferencias coreanas, lo que permite disfrutar de **sabores** aún más **únicos**. En lugar de elegir un lugar, dé un paseo por las callejuelas para descubrir cosas inesperadas y llevarse sorpresas.

¡Ir de Bar en Bar al menos a 3 bares diferentes!

En Itaewon, **la noche eclipsa al día**, atrayendo a quienes buscan diversión juvenil. En medio de esta animada escena, hacer nuevos amigos en bares de temática creativa es especialmente excitante. Disfrute de los distintos y divertidos bares de Itaewon.

Únete a la fiesta anual de verano en la piscina

Escápese del calor y disfrute de las extraordinarias vistas de Itaewon desde la piscina de la 5ª planta. Tanto los lugareños como los turistas acuden aquí para observar a la gente, divertirse en la piscina y disfrutar de la vida social. La natación, la fiesta y la bebida son bienvenidas, ya sea en la piscina o en el bar del **Hotel Hamilton**. Bróncéese, nade, escuche música en la cabina del DJ, disfrute de hamburguesas y refrescantes bebidas.

hamilton.co.kr

¡Compra recuerdos divertidos de Corea!

Mientras pasea, se cruzará con vendedores ambulantes que ofrecen **divertidos recuerdos coreanos**, como gorras de béisbol y camisetas con... ¡perfectos como divertidos souvenirs para los amigos de vuelta a casa!

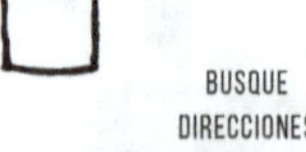

Un paseo por el jardín de la ciudad

Seoullo7017, también conocido como **Seoul Skygarden**, es el fascinante resultado de un proyecto de remodelación urbana. Se trata de un **paseo peatonal elevado** de más de un kilómetro de longitud, que ofrece una experiencia única y envolvente a los visitantes. Este sendero, bellamente ajardinado, fue en su día un antiguo paso elevado de una autopista, pero se ha transformado en un oasis verde, adornado con diversas plantas, flores e instalaciones culturales. Proporciona una visión cautivadora del **pasado** y el **presente** de la ciudad, al tiempo que ofrece unas **vistas impresionantes de las bulliciosas calles de abajo**.

¡Espere a que se ponga el sol para disfrutar del encantador ambiente nocturno!

Seoullo 7017 experimenta una cautivadora transformación **por la noche**, ofreciendo un **ambiente completamente diferente**. Espere a la puesta de sol para ser testigo de la hipnotizante diferencia y experimentar su encantador encanto.

Descubra el poste de piedra que marca su pasado

Mientras pasea por el sendero, no pierda de vista un **poste de piedra** con la inscripción **서울고가 (carretera elevada Seoul)** que atestigua su importancia histórica. Descubrir este hito le permitirá apreciar mejor la notable transformación que ha tenido lugar aquí.

Cheonggyecheon 청계천 Jongno-gu Cheonggyecheon-ro 1　서울 종로구 청계천로 1
12 minutos a pie (0.24 mi / 387 m) de la estación de **Dongdaemun Salida nº6 del metro Línea 1 & 4**

BUSQUE
DIRECCIONES

¡Explore un oasis urbano en medio de la ciudad!

Hace tiempo, no era más que una vía fluvial abandonada. Pero un proyecto de restauración lo transformó en un hermoso parque de 10,9 km en medio de Seúl. Ahora es como un **oasis en la ciudad**, lleno de belleza natural. Hay **20 puentes preciosos que muestran** cómo el pasado y el futuro pueden ser amigos. Es un lugar perfecto para **pasear, divertirse en familia o tener una cita romántica**.

¡Descubra a estos animales especiales!

De vez en cuando, **garzas** y **garcetas** visitan el arroyo, símbolo de la perfecta combinación de arquitectura moderna y conservación de la naturaleza conseguida gracias al proyecto de restauración. **Sin embargo, avistarlas depende de la suerte**, ya que su presencia fluctúa con las estaciones y las condiciones ambientales.

¡Refréscate mojándote los pies!

A medida que aumenta el calor en Seúl, más gente acude al arroyo para refrescarse. **Aunque está permitido bañarse con los pies, la ordenanza municipal prohíbe nadar y bañarse.**

BUSQUE DIRECCIONES

Al comienzo del arroyo, encontrará "Primavera", una maravillosa obra del célebre artista pop **Oldenburg**. Esta escultura se creó para celebrar el primer aniversario de la restauración del arroyo y es famosa por su forma cónica. Curiosamente, en Corea hay un aperitivo llamado **"Kokkalcorn (꼬깔콘)"** que se parece bastante. Así que haz una parada rápida en una tienda cercana, coge este aperitivo y tomaos una foto inolvidable.

BUSQUE DIRECCIONES

4 **Museo Kimchikan 뮤지엄 김치간**
Jongno-gu, Insadong-gil 35-4, 4~6F 종로구 인사동길 35-4, 4~6층
5 minutos a pie (0.23 mi / 344 m) de la estación de **Anguk Salida nº6 del metro Línea 3**

MAR - DOM 10 a.m. - 6 p.m LUN, 1/1, CERRADO Seollal, Chuseok, Navidad

 museumkimchikan **kimchikan.com**

No hay nada más representativo de la cultura coreana que el *kimchi*. Este museo ofrece una forma rápida y completa de aprenderlo todo sobre él. Se fundó en 1986, luego se renovó y reabrió el 21 de abril de 2015 como "Museo Kimchikan". El museo está repleto de **exposiciones reales** y **digitales centradas** en el kimchi. Hay exposiciones interactivas y atracciones para disfrutar en cada planta, de la 4ª a la 6ª.

 *No es necesario reservar para grupos de 20 personas o menos.

Únase a esta emocionante **clase de elaboración de kimchi** y **cree su propio kimchi para llevárselo a casa**. No hay que preocuparse por los materiales; se proporcionará todo. Todos son bienvenidos, incluidos los niños a partir de 6 años. Si cambian los planes, avise al **menos 4 días antes de su reserva**. Reúne a tus amigos, ya que se necesita un **mínimo de 5 participantes** (pueden acomodar **hasta 24 participantes por programa**). Participe en este maravilloso viaje de elaboración de kimchi y sumérjase en la cultura coreana.

 *Reserve con antelación enviando un correo electrónico a **museum@pulmuone.com**. Visite la página de inicio para más información.

Daehak-ro 대학로
Jongno-gu, Jongno-5(o)-ga Salida nº 1-8 ⟷ Jongno-gu, Daehak-ro 156
종로구 종로5가역 1 ~8 출구 ⟷ 종로구 대학로 156

¡Explore una vibrante zona de juegos para los jóvenes de corazón!

BUSQUE DIRECCIONES

Literalmente significa "calle universitaria", es conocida como el **centro neurálgico de las artes escénicas coreanas**, es una concentración de pequeños teatros. El nombre tiene su origen en la creación de la Universidad Imperial de Gyeongseong durante la época colonial japonesa, en 1922. Tras la liberación, se convirtió en la Universidad Nacional de Seúl hasta que se trasladó, y la zona conservó el nombre de Daehak-ro. A pesar de no contar ya con una universidad, sigue siendo un **lugar vibrante para la generación más joven**, que ofrece una variedad de **atracciones**, **actividades** y **entretenimiento** que permiten conocer sus tendencias e intereses actuales.

보현 blog.naver.com/qwd7882
(CC BY-SA-KR 2.0)

¡Canta a pleno pulmón en Coin Noraebang!

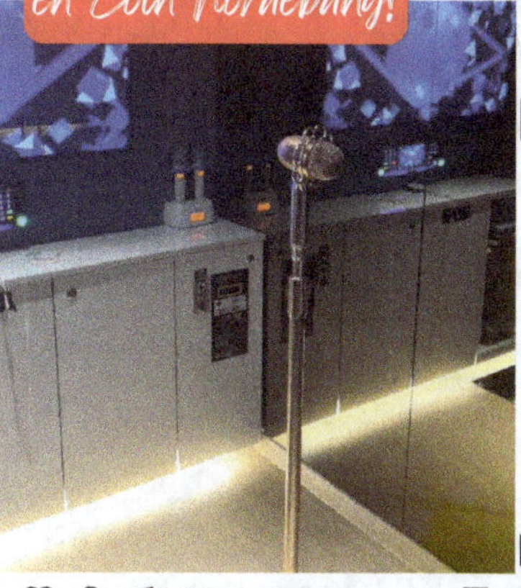
폰앤러브 blog.naver.com/hddpark7
(CC BY-SA-KR 2.0)

Coin *noraebang (karaoke)* **코인노래방** ofrece entretenimiento asequible en una sala privada con tus amigos, ya que puedes pagar por canción o utilizar pases por tiempo con monedas o tarjetas de crédito. Las salas cuentan con modernos sistemas de sonido y selección de canciones mediante pantalla táctil. Fácil de encontrar por todo Seúl, es uno de los lugares favoritos de los entusiastas del canto. **Las canciones están disponibles en muchos idiomas**.

- 악쓰는하마 Jongno-gu, Daemyeong-gil 9, 3F 종로구 대명길 9, 3층
  Todos los días 12 p.m. - 2 a.m.

- 에코 Jongno-gu, Daemyeong-gil 40, B1 종로구 대명길 40, 지하 1층
  LUN - JUE 9 a.m. - 4 a.m. VIE - DOM 9 a.m. - 6 a.m.

¡Capture sus momentos más felices en "fotos de 4 cortes"!

La moda de las "fotos de cuatro cortes" está arrasando en los barrios populares, cautivando a la juventud coreana como la última moda para capturar recuerdos. Las **cabinas son asequibles** y ofrecen diversos elementos, como **accesorios, iluminación variable y decoraciones dignas de Instagram**.

- 인생네컷 Jongno-gu, Myeongnyun 2-ga 186-2
  Todos los días 24 HORAS 종로구 명륜2가 186-2

- **Photoism Colored 포토이즘 컬러드**
  Jongno-gu, Myeongnyun 4-ga 46-1 종로구 명륜4가 46-1
  Todos los días 24 HORAS

- 시현하다 Frame Jongno-gu, Myeongnyun 4-ga 22-1
  Todos los días 24 HORAS 종로구 명륜4가 22-1

¡Juega a juegos divertidos y disfruta de deliciosa comida en PC Bang!

Una visita a un **PC bang 피씨방** ("sala") es imprescindible para cualquier turista que busque una experiencia única y emocionante, porque no sólo son perfectos para jugar con tus amigos, sino también un lugar decente para tener citas. Lo mejor es la **fantástica selección de comida**, desde fideos instantáneos hasta platos bien preparados por el personal de PC bang.

¡Pruebe uno de los menús de PC Bang!

- **프리미엄 PC방** Jongno-gu, Daemyeong-gil 9
  종로구 대명길 9　**Todos los días 24 HORAS**

- **이스포츠 PC방** Jongno-gu, Seonggyungwan-ro 12, 2F
  종로구 성균관로 12, 2층　**Todos los días 24 HORAS**

¡Encuentra el camino a la diversión en Escape Cafe!

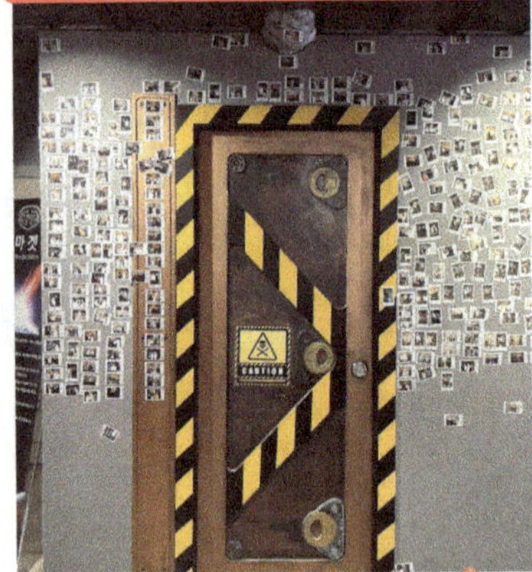

Lily blog.naver.com/yujin_blog
(CC BY-SA-KR 2.0)

¡Experimente la emoción de los **emocionantes cafés escape** de Corea! Ponga a prueba su ingenio y su trabajo en equipo mientras resuelve rompecabezas y desafíos en inmersivas aventuras con amigos o familiares. ¡Compita contrarreloj para escapar de la habitación en un tiempo determinado! Vivirás una experiencia inolvidable que te dejará con ganas de más diversión resolviendo misterios. Date prisa, ¡el tiempo corre!

- **Secret Chamber 시크릿챔버** Jongno-gu Myeongnyun 2-ga 21-18
  Todos los días 10 a.m. - 0 a.m. 종로구 명륜2가 21-18

- **Sherlock Holmes 셜록홈즈** Jongno-gu, Daehak-ro 10-gil 5, 4F
  종로구 대학로 10길 5, 4층
  LUN - VIE 12 p.m. - 11 p.m. SÁB -DOM 11 a.m. - 11 p.m.

- **Epilogue 에필로그** Jongno-gu, Daehak-ro 8ga-gil 48
  Todos los días 10 a.m. - 9:50 p.m. 종로구 대학로8가길 48

Descubra el placer de tocar gratis en el parque Marronnier

El parque Marronnier 마로니에 공원, en Daehak-ro, es famoso por su sala de actuaciones al aire libre, que ha servido de escenario de debut a numerosos cantantes y actores destacados. Es un **lugar muy apreciado por diversos artistas**, desde cantantes aficionados que tocan guitarras acústicas los fines de semana hasta prometedores talentos que muestran sus habilidades. Aquí se celebran diversos eventos, como festivales, actuaciones de músicos callejeros y mercadillos, lo que lo convierte en un vibrante espacio cultural y artístico.

BUSQUE DIRECCIONES

이슬한잔 blog.naver.com/photoc3
(CC BY 2.0 KR)

v회야v blog.naver.com/plysh

Pueblo Mural Ihwa 이화 벽화 마을

Jongno-gu, Ihwa-dong 9- 413 종로구 이화동 9-413
14 minutos a pie (0.47 mi / 763 m) de la estación de **Hyehwa Salida nº2 del metro Línea 4**

BUSQUE DIRECCIONES

Este cautivador lugar es el resultado de un proyecto gubernamental para transformar un barrio subdesarrollado en una zona artística. Los esfuerzos conjuntos de residentes locales, artistas, estudiantes y voluntarios colaboraron para pintar **impresionantes murales**. Encontrará **callejuelas únicas** y **cafés con encanto**, que ofrecen **impresionantes vistas del centro de Seúl**. Por desgracia, algunos murales se han retirado debido a las quejas de los residentes por el creciente número de turistas. Se anima a los turistas a explorar los pintorescos callejones y cafés del pueblo sin dejar de ser respetuosos con las tranquilas zonas residenciales.

*Para disfrutar de una visita más relajada y agradable, se recomienda planificar el viaje en días laborables y evitar las aglomeraciones.

6 **Funny Saju 재미난조각가** Mapo-gu, Seogyo-dong 358-124, 2F 마포구 서교동 358-124 2층
8 minutos a pie (0.33 mi / 546 m) de la estación de **Hongik University Salida nº9 del metro Línea 2**

02-325-4543 **Todos los días 12:30 p.m. - 11:30 p.m.**

Proveedores de servicios de inglés / chino disponibles! Llame para concertar una cita

Los turistas que visitan Corea deberían probar las lecturas *saju* 사주, un antiguo método que utiliza "los cuatro pilares del destino" para **predecir la suerte y el destino según el momento del nacimiento**. Un experto lector de saju interpreta los ocho caracteres asociados a su nacimiento, que representan la energía yin o yang y los cinco elementos primarios, proporcionando información sobre diversos aspectos de la vida y el futuro. No se confía ciegamente en el saju, pero se valora como entretenimiento y consejo vital. Además, las parejas pueden explorar el *Gunghap* 궁합, el **análisis de la compatibilidad matrimonial**, y descubrir si son una buena pareja. Esta práctica cultural muestra la fascinación coreana por desentrañar la suerte y el destino. Tanto si se busca entretenimiento como orientación vital, las lecturas saju ofrecen una visión única de la cultura y las tradiciones coreanas.

용진 blog.naver.com/thdwodms233

BUSQUE DIRECCIONES

*¡Tenga a mano su nombre y fecha de nacimiento en el sistema del Calendario Lunar, así como la hora de nacimiento, antes de visitarnos!

ispaland.co.kr

Relájese y recargue energía en una sauna tradicional coreana – Jjimjilbang

BUSQUE
DIRECCIONES

La casa de baños tradicional de Corea, *jjimjilbang* 찜질방, ofrece a los turistas una **experiencia rejuvenecedora única, con saunas temáticas, jacuzzis y salas de vapor**. Permite a los visitantes **sumergirse en la cultura coreana y relajarse**, con diversas instalaciones de ocio para socializar y vivir experiencias en común. incluyendo Familias, parejas y amigos suelen visitarlo para una escapada relajante, disfrutando de salas climatizadas y de vapor, junto con **restaurantes, bares de aperitivos, gimnasios, salas de PC, karaoke, salones de manicura, masajes deportivos, salas de juegos recreativos, así como pernoctaciones asequibles.**

Al entrar en un jjimjilbang, hay que ponerse el uniforme que proporcionan para mantener la limpieza y evitar la contaminación por gérmenes o virus que se puedan haber traído del exterior.

Aprende a hacer la "toalla de cabeza de cordero" coreana

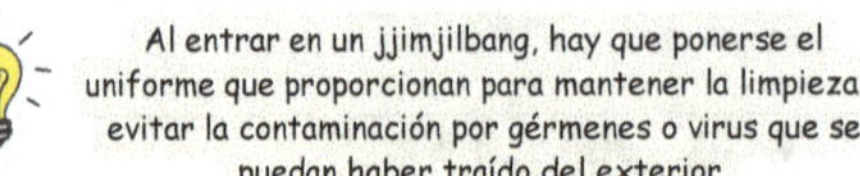

Pruebe al menos 3 salas de sauna diferentes

마음자리 blog.naver.com/pej1425
(CC BY-SA-KR 2.0)

El gorro toalla *yangmeori* 양머리 "Cabeza de cordero/oveja" ganó popularidad después de que el protagonista lo llevara en la exitosa serie de televisión "Me llamo Kim Sam-soon" en 2005. En el jjimjilbang, personas de todas las edades y sexos lo usan para absorber el sudor, mantener el pelo en su sitio y añadir un toque simpático a su aspecto.

Explore las **distintas salas de sauna con diferentes temperaturas y beneficios para la salud**, como la sala de sal, la sala de carbón, la sala de hierbas y la sala de jade. Se dice que cada sala ofrece una experiencia y una relajación distintas para el cuerpo.

Aprende a hacer la toalla coreana con cabeza de coredero

Los jjimjilbangs suelen tener zonas separadas por sexo y zonas unisex, con vestuarios y baños separados. Las salas de vapor/sudor y los suelos comunes calefactados suelen ser unisex, pero pueden variar de un establecimiento a otro.

¡Consigue el exfoliante corporal coreano para una piel suave como la de un bebé!

En Corea, el *ttaemiri* 때밀이 (exfoliación corporal) ha sido un **método popular para conseguir una piel suave**. En muchos baños públicos y jjimjilbangs coreanos, limpiadores corporales profesionales ofrecen servicios completos de descamación. El proceso consiste en sumergir el cuerpo en agua caliente para ablandar las células muertas de la piel, seguido de un minucioso fregado con toallas y guantes especiales.

복많이
blog.naver.com/hjwwworld
(CC BY-SA 2.0 KR)

Tómese un descanso de los paseos y las visitas turísticas para relajarse en diversas zonas de descanso, como **suelos calefactados** y **sillones reclinables**. Algunos jjimjilbangs ofrecen habitaciones para dormir la siesta o pasar la noche, lo que permite a los visitantes reponer fuerzas y refrescarse.

8

Lotte World 롯데월드 Songpa-gu, Ollimpik-ro 240 송파구 올림픽로 240
2 minutos a pie (0.09 miles / 145 m) de la estación de **Jamsil Salida nº4 del metro Línea 2 & 8**

lotteworld.co.kr

BUSQUE DIRECCIONES

Este extenso complejo de ocio atrae a más de **7 millones de visitantes al año** y se enorgullece de albergar uno de **los parques temáticos más grandes del mundo**. Además de sus emocionantes atracciones, el complejo cuenta con **centros comerciales**, un **hotel de lujo**, un **museo folclórico coreano**, instalaciones deportivas y salas de cine. También alberga **la pista de hielo más grande de Corea**. A lo largo del parque, **diversos espectáculos** cautivan a los visitantes.

Lotte World se divide principalmente en tres secciones:
Adventure - situada en la planta baja cubierta
Underland - en la planta subterránea interior;
Magic Island - isla artificial al aire libre

Mejore su experiencia descargando la aplicación "**Lotte World Adventure**", que proporciona información sobre horarios de espectáculos, tiempos de espera en las atracciones, cierres y mantenimiento. Además, permite a los usuarios registrar fácilmente las entradas físicas escaneando el código QR.

Ziggymaster
via wikimedia commons
(CC BY-SA 3.0)

Alquile y póngase **uniformes escolares coreanos** y diviértase en Lotte World. Es una forma especial de que los extranjeros se sientan como estudiantes coreanos y de que los coreanos recuerden su pasado. Todo el mundo, jóvenes y mayores, pueden disfrutarlo.

- **Gamsung Gyobok 감성교복** (Camine directamente desde la entrada de Adventure en la planta baja de Lotte World)

gamsunggyobok.com

Si no se siente demasiado valiente, la tienda ofrece deliciosos **churros** que se asemejan a la famosa atracción **"Gyro Drop"** de Lotte World.

Guía de viaje en metro por Seúl, Corea - ¡Cómo disfrutar de las 100 principales atracciones de la ciudad con sólo tomar el metro!

Lista de cosas que hacer en Corea: Guía local de más de 150 cosas que debe hacer en Seúl

Diccionario de la cultura coreana - Desde el kimchi hasta el K-Pop y los clichés de K-dramas. Todo sobre Corea explicado

AUDIO MP3 **Hablemos coreano -** Aprenda más de 1,400 expresiones coreanas de 21 temas de manera rápida y fácil

AUDIO MP3 **Vamos a estudiar coreano -** Cuaderno de Práctica Todo en Uno para Gramática, Ortografía, Vocabulario y Comprensión de Lectura con más de 600 Preguntas

El Diccionario KPOP - 500 Palabras Y Frases Esenciales De KPOP, Dramas Y Peliculas Coreanos